海外神社跡地の景観変容 さまざまな現在《いま》

中島三千男

口絵　2

はじめに　12

一　海外神社とは　14
　一　海外神社とは　14
　二　海外神社の概観　15
　三　海外神社の果たした役割　19

二　海外神社跡地における神社の遺構・遺物の残存状況　20

三　海外神社跡地の景観変容の四類型　34
　一　「復活」した例　37
　二　「再建」された例　47
　三　「放置」されたままになっている例　55
　四　「改変」されている例　63
　　[公園]［宗教関連施設］[忠烈祠]［銅像・記念碑・記念館など］
　　[文化財・歴史遺産等]［教育施設］［病院］［軍施設］［その他］
　　[農耕地・牧草地・山林]

四　海外神社跡地の景観変容の五つの要因　95
　　［政治的要因］　95
　　［社会の変容］　97
　　［経済発展の度合い］　100
　　［文化伝統］　105
　　［支配交替の〈刻印〉］　106

おわりに　111

神奈川大学21世紀COE研究成果叢書
神奈川大学評論ブックレット　37　御茶の水書房

海外神社とは

戦前、アジア地域に建てられた神社（海外神社）は、現在判明しているものだけでも 1600 余社にのぼる。海外神社には、官幣大社朝鮮神宮、同台湾神社（神宮）、同樺太神社、同南洋神社など、日本国政府により、その地域の統治のシンボルとして建てられた「政府設置（奉斎）神社」と、海外に移住した日本人が厳しい生活の安穏を祈願する為に建てた「居留民設置（奉斎）神社」の２種類があった。1930 年代以降には、海外神社は後者のものも含めて、全体として、現地人の「皇民化」に大きな役割を果たした。

1　官幣大社朝鮮神宮の大石段と社号標
（『恩頼　朝鮮神宮御鎮座 10 周年記念』、1937 年 11 月、朝鮮神宮奉賛会編、72 頁）

2　官幣大社朝鮮神宮の参拝風景
（「民草競う」というキャプションが付けられ、「朝鮮の人にも敬神の思想が普及されて、拝殿に拍手を打って参拝する者が多くなった」と解説している。着物を着た日本人女性の前に、チマ・チョゴリを着た朝鮮人女性が鳥居をくぐっている。『同』130 頁）

3　旧台湾　花蓮港庁下、カウワン祠での神前結婚式時の記念写真
（1930年代後半以降、台湾においても現地住民の神社参拝や神前結婚式が奨励された。先住民族タロコ族の夫婦、撮影年不詳、筆者所蔵）

4　旧樺太　真岡支庁下、野田神社再建の年の祭典記念
（厳しい環境にあった、海外への移住者にとって、神社は「内地」の人以上に重い意味を持っていた。『樺太野田町慕情』、1977年10月、佐藤彦雄編、樺太野田小学校同窓会野田白樺会、全国樺太連盟提供）

1. 海外神社跡地 「改変」させられた例

神社跡地は、今日、人の手が加えられ、様々に「改変」させられて利用されている場合も多い。公園として利用されたり、教会・寺院・廟などの宗教施設、あるいは忠烈祠、墓地、さらには記念碑・記念堂が建てられたり、学校、病院、会社などが建てられ、神社の遺物・遺構が利用されている場合も多い。

1 旧台湾 花蓮港庁下、天主教会に「改変」された新城社
(2基の鳥居、燈籠8基、狛犬4体、本殿基壇など残存。本殿基壇の上にはマリア像が立っている)

2 旧満州 新京（長春)、幼稚園に改変された新京神社
（鳥居、拝殿などが残存。旧鳥居の貫の部分が外され「市政府機関二園」の看板が掲げられて、門の役割を果たしている)

3　旧樺太　真岡支庁、サハリン郵船会社が建つ真岡神社跡地Ⓒ
（石段、石組側壁、手水鉢、燈籠基壇などが残存）

4　旧中華民国　南京、建設事務所に改変された南京神社拝殿
（拝殿は「南京重要近現代建築」の「五台山１号建築 -1」として、南京市人民政府より指定（2010 年９月）。また、少し離れた社務所は「五台山１号建築 -2」として指定（2010 年９月）、さらに江蘇省文物保护単位「日本神社旧社」としても指定され（2011 年２月）現在は体育館や老同志之家として利用されている）

2. 海外神社跡地 「放置」されたままになっている例

神社跡地が、そのまま「放置」されている例も多い。旧南洋群島などの南方地域では、完全にジャングルの中に埋もれてしまったために鳥居、燈籠、手水鉢、社殿の基壇などがそのまま残っているものも多い。

1 旧樺太 泊居支庁下、泊居神社跡Ⓒ
(2基の鳥居、4基の燈籠基壇、社殿基壇、忠魂碑、戦勝記念碑等が残存)

2 旧南洋群島 サイパン島、泉神社の鳥居Ⓒ
(ジャングルの中に踏み入っていくと忽然と巨大な鳥居が姿を現わした。社殿基壇、鳥居、燈籠基壇2つ、石段などがジャングルに埋もれている)

3　旧南洋群島　サイパン島、カラベラ神社本殿基壇Ⓒ
(2の写真と同様にジャングルに埋もれていた。この写真は雑木・雑草をある程度切り払った後に撮ったものである。社殿基壇、燈籠基壇10個、手水鉢、鳥居台石、太鼓橋等が残存)

4　旧昭南島（シンガポール)、昭南神社の手水舎の基壇と手水鉢（階段、本殿基壇などがジャングルに埋もれている)

3. 海外神社跡地　「再建」された例

日本の敗戦と共に廃絶させられた海外神社の中には、その後「再建」された神社もある。いずれも、旧南洋群島に建てられた神社で、1980年代以降に「再建」された。テニアン島に1社、サイパン島に2社（以上、現北マリアナ諸島連邦）、コロール島に1社、ペリリュウ島に1社、アンガウル島に1社（以上、現パラオ共和国）の計6社である。

1　旧南洋群島　サイパン島、彩帆香取神社として「再建」された彩帆神社©
（全て新しく建てられたもので、旧神社の遺物としては、損壊した社号標、燈籠等があるだけである）

2　旧南洋群島　コロール島（パラオ）に建てられた官幣大社南洋神社の鳥瞰図
（現在、この境内の大部分が個人の所有地になっており、私邸も建てられている。『官幣大社南洋神社御鎮座祭記念写真帖』、1941年6月、官幣大社南洋神社奉賛会編、1頁）

3 「再建」された、旧官幣大社南洋神社Ⓒ
(2の写真・「鳥瞰図」の左上、二の鳥居の左側、拝殿・本殿部分の石段・基壇の上に「再建」された)

4 旧南洋群島 ペリリュウ島(パラオ)、旧ペリリュウ神社跡地の近くに再建されたペリリュウ神社Ⓒ

4. 海外神社跡地　「復活」した例

海外神社が元の祭祀施設を利用して創立された場合、敗戦後、元の祭祀施設へと「復活」したものもある。台湾における最初の神社、開山神社は鄭成功を祀る廟「明延平郡王祠」(旧)を改変したものだが、日本の敗戦後、もとの「明延平郡王祠」(新)として「復活」、今日に到っている。

1　旧台湾　台南市、県社開山神社入り口（三川門）
(「明延平郡王祠」〈旧〉時代の三川門をそのまま利用している)

2　同上　開山神社拝殿
(1915年の大改築の際、新たに日本式の拝殿を新設した。後方には、「明延平郡王祠」〈旧〉時代の本殿がそのまま利用されている)

3 「明延平郡王祠」(新)石塔
(日本の敗戦後、1915年の開山神社大改築の際、新築された鳥居を利用して建てられた石塔。鳥居の最上部・笠の部分ははずされ、貫の部分には中国国民党の党章が飾られている。笠の部分は現在も隣接する鄭成功文物館の脇に放置されている)

4 「明延平郡王祠」(新)の平面図
(開山神社時代にも利用されていた「明延平郡王祠」〈旧〉の三川門や本殿は福州式の建物であったが、現在の「明延平郡王祠」〈新〉は北方の建築様式に改められたため、昔の面影を窺うことは出来ない)

はじめに

神社といえば、日本の「伝統的」宗教である神社神道の宗教施設であり、日本のみに建てられているると思っている人は多い。

しかし、近代日本において、日本人の海外進出や移民の増大、大日本帝国の「勢力圏」の拡大に伴って、アジアを中心に広く世界（海外）に多くの神社が建てられた。現在、その数は資料上確認されているものだけでも一、六〇〇余社にのぼるが、このような神社を「海外神社」と呼んでいる。

海外神社は日本の敗戦、「帝国」の崩壊とともに、少なからぬ神社が現地人によって、また日本人（軍）自身の手によって破却され、その機能は全ての海外神社で停止したが、本稿は、日本の敗戦、「帝国」の崩壊により機能を停止した海外神社の跡地が、戦後六〇余年を経過するなかで、今日どのような形で存在しているのか、についての研究である。

海外神社の研究は一九九〇年代以降、たしかに長足の進歩を遂げているわけであるが、それは当然の事ながら、全て、海外神社が機能していた戦前の時期の研究で、戦後の跡地の研究などは皆無であった。この跡地の研究はどのような意味をもつのであろうか。海外神社跡地は本稿で明らかにする如く、戦後、様々に変容して行くわけだが、その変容の仕方から、その地域と戦後日本との関係、あるいは、その地域の、日本との関係を含む歴史や政治・経済・文化の問題を読み解くことができるというものである。歴史研究に引きつけて言えば、いわば戦後日本と各地域の関係史、あるいはその地域の戦後史・現代史の問題になるし、その地域の「現在《いま》」を明らかにすることにもなる。さらには今日の思想潮流でもある、植民地の文化変容の問題、カルチュラル・スタディーズやポストコロニアリズムの問題にも連なるものである。

また、副次的には、今日の海外神社の跡地そのものの研究を通じて、戦前の海外神社、あるいはそれを通じた植民地支配の実態というものはどのようなものであったのか、これまでの文字史料だけの研究ではなかなかわからなかったものを、跡地の現地調査にもとづき、写真や地図、実測図などを駆使することによりその実態をより浮き上がらすことが出来るということもある。こちらの方は、歴史研究に引きつけて言えば、戦前史の問題であるといえよう。

さて、海外神社の跡地の研究は筆者が一九九〇年代から、まさに戦前の歴史研究、海外神社研究の一環として開始したものである。この研究は、二〇〇三年秋に神奈川大学二一世紀COEプログラム「人類文化研究のための非文字資料の体系化」の一プロジェクトとして位置づけられるまでに、旧台湾、旧満州、旧関東州、旧中華民国、旧朝鮮、旧昭南島（シンガポール）の六地域四五社の跡地調査を行っていた（以下、国名・地域名等は戦前の呼称を使用して、旧を省く）。そうしてCOEでの共同調査が始まると、海外神社跡地を一つの「非文字資料」と位置づけて跡地そのものを直接研究対象とした、日本と各地域の関係史、その地域の戦後史、現代史の問題としての研究が始まった。地域的には樺太、南洋群島の二つの地域を新たに加え、調査神社も六〇社が新たに加わった。合わせて一〇五社の調査である。この内二社は両方の調査で訪れているので、実質的には一〇三社となる。さらに、ＣＯＥの終了後も折を見て個人で調査を重ねたものを加え、本書では一〇九社の報告となる。

この、一〇九社という数は全体の海外神社の数一、六〇〇余社から言えば、たかだか約七パーセントの数にすぎない。しかし、一応、戦前に海外神社が建てられた、アジアの主要な地域は全てカバーしているし、また各地域の主要な神社も一応カバーできているので、これらをもとに、一応の分析は可能なことだと考え、ここに発表する次第である。まず、本題の海外神社跡地の問題に入る前に、海外神社そのものについて概観しておこう。

一　海外神社とは

一　海外神社とは

一言に海外神社と言っても、その建てられた経緯や場所によって、大きく分けて二種類のものがある。一つは、近代以降、対外戦争の勝利により、日本の領土（植民地、台湾・樺太・朝鮮）や租借地（関東州）、あるいは委任統治領（南洋群島）となった地域（これらは「外地」と呼ばれた）、さらには、「満州国」や日本の占領地（中国・東南アジア）等に日本国政府や居留民によって建てられた神社である。もう一つは、日本の統治権の及ばないハワイや、南北アメリカ大陸等において、日本人の移民によって建てられた神社である。

前者を狭義の海外神社、後者まで含めたものを広義の海外神社という。この他に、狭義の海外神社には、明治維新以降に明確に日本の版図に組み込まれた、北海道（蝦夷）、沖縄（琉球）に建てられた神社を含める場合もある。また狭義の海外神社は、植民地神社あるいは、侵略神社と表現する場合もある。

本書では、この内、狭義の海外神社（北海道、沖縄は除く）について述べる。

二　海外神社の概観

さて、いったい海外神社は、どこの地域にどれぐらい建てられたのであろうか。表1は「地域別神社、社・神祠数」（「社」や「神祠」とは台湾や朝鮮に制度として設けられた、簡便な神社の事である。以下神社数に組み込む）であり、表2は「地域別・年代別神社数（創立年）」である。また図1「海外神社分布図」は地域別の神社数の多さを、概念的に表したものである。

海外神社は今日、その存在が確認されるものだけでも、合わせて、一、六四〇社にのぼる。地域別では、一番多いのは朝鮮で九九五社と全体の五七％と半数を上回る。また、日本の神社には伊勢

表１　地域別神社、社・神祠数

	神　社						社・神祠	計
	官幣社	国幣社	県社	郷社	その他	(小計)		
台　湾	2	3	8	10	45	68	116	184
樺　太	1	0	7	0	120	128	0	128
関東州	1	0	0	0	11	12	0	12
朝　鮮	2	8	0	0	72	82	913	995
南洋群島	1	0	0	0	26	27	0	27
満　州	−	−	−	−	243	243	−	243
中華民国	−	−	−	−	51	51	−	51
計	7	11	15	10	568	611	1029	1640

出典：中島三千男「〈海外神社〉研究序説」(『歴史評論』602号、2000年6月)。
この表は佐藤弘毅・嵯峨井建両氏の研究をもとに作成したものであるが、詳しくはこの論文を参照されたい。尚、この数は、いわゆる「公認神社」の数であり、会社や学校、軍隊等の中に建てられた「私社（私邸内神社)」は含まれていない。例えば、金子展也氏の研究によれば台湾ではそれらを含めると、三百数十社にのぼるとされている。尚、菅浩二氏はこの表を補正して全体の数を1,656社としている（『日本統治下の海外神社』、2004年9月、弘文堂)。

神宮を頂点に、上は政府が管轄する官国幣社（官幣社と国幣社）から、下は地方が管轄する府県郷村社に至るまで社格制度といわれるランク付けがあったが、「外地」に建てられた神社にはこの社格制度が持ち込まれた。その内の官国幣社の数でも朝鮮が一〇社とここでも過半数を超える。こうした数字からも、日本の植民地支配における、朝鮮の特異な位置が浮かび上がってこよう。次に多いのは、満州、台湾、樺太の順である。またこの他に、表には出ていないが、東南アジアにも昭南

表２　地域別・年代別海外神社数（創立年）

	神社								社・神祠		計
	台湾	樺太	関東州	朝鮮	南洋群島	満州	中華民国	（小計）	台湾	朝鮮	
1900年まで	2	−	−	−	−	−	−	2	3	−	5
1901 ～ 1905	0	−	−	−	−	1	−	1	0	−	1
1906 ～ 1910	1	3	2	−	−	5	−	11	2	−	13
1911 ～ 1915	7	2	1	0	1	16	2	29	3	2	34
1916 ～ 1920	6	3	2	35	2	9	3	60	6	41	107
1921 ～ 1925	2	61	3	7	1	3	0	77	16	57	150
1926 ～ 1930	3	24	1	7	2	0	1	38	31	78	147
1931 ～ 1935	7	18	2	2	2	32	4	67	38	86	191
1936 ～ 1940	30	11	1	9	15	110	26	202	17	353	572
1941 ～ 1945	3	0	0	20	0	67	14	104	0	296	400
（不明）	7	6	0	2	4	0	1	20	0	0	20
計	68	128	12	82	27	243	51	611	116	913	1,640

出典：表１に同じ。創立年とは、その神社が総督府など現地日本の統治組織によって公認された年で、実際に建てられた創建年、鎮座年等とは一致しない場合もある。

神社（シンガポール）、（山田）長政神社（タイ）、八達威《バタビア》神社（インドネシア）等が建てられた。

創立年代別では、その地域が何時に日本の勢力圏に入ったのか等によって違いがあるが、全体として見た場合、一九三六年以降に九七二社と全体の六割近い神社が建てられた。言うまでも無く、「外地」等で皇民化政策が強力に展開された時期で、特に台湾では「一街庄一神社」、朝鮮では「一面一神社」と、町や村ごとに神社が建てられる政策が展開され、多くの神社が

図１　海外神社分布図

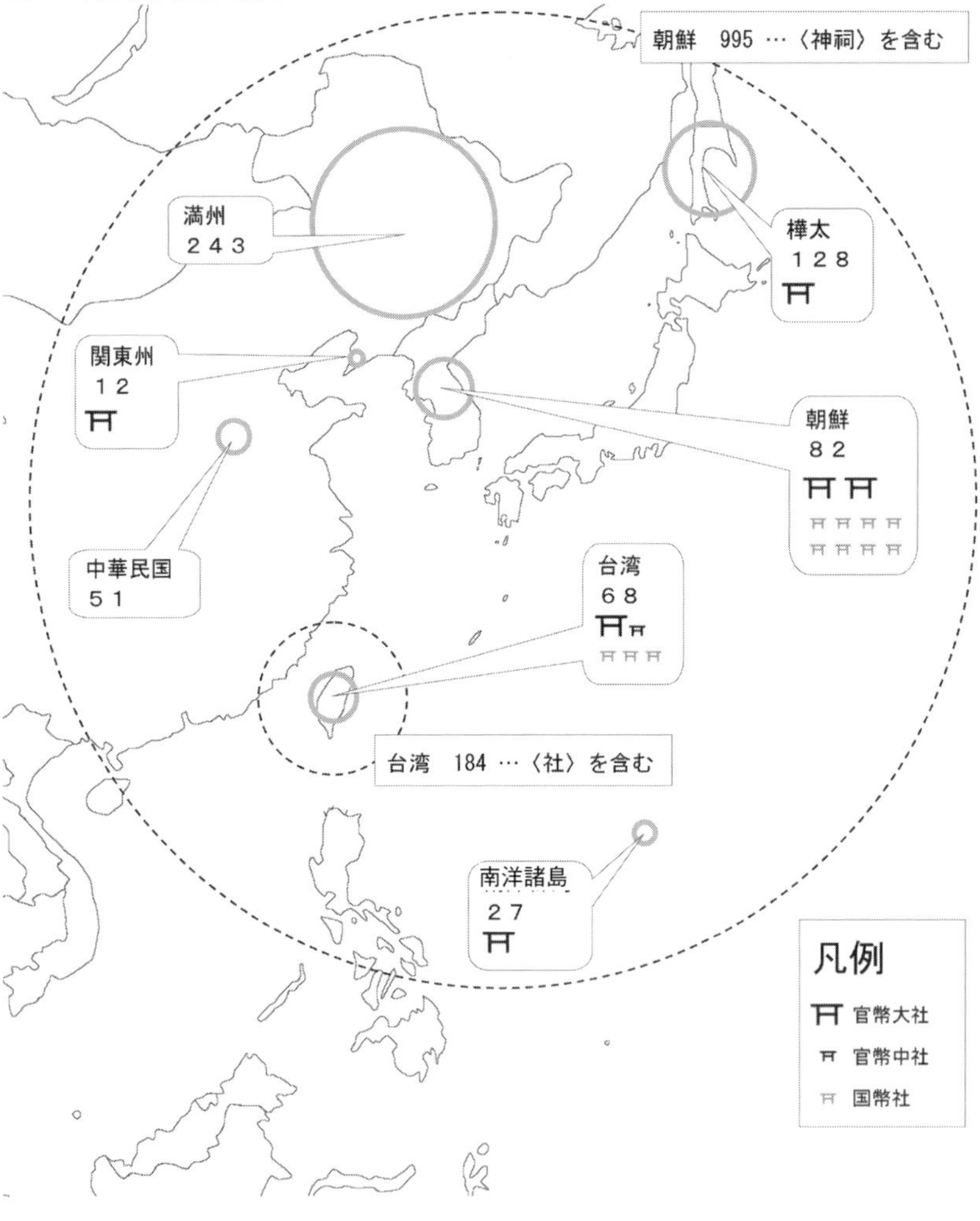

出典：中島三千男「日本のアジア侵略と海外神社」『NEZASU』（第４号、教育研究所ニュースレター、神奈川県高等学校教育会館、1992 年 10 月）掲載の図に手を加えたもの。

海外神社の地域別の多さを概念的に示したものである。朝鮮・台湾の場合は社・神祠を含めた数を波線の丸囲いでも示した。

建てられていった時期である。

三　海外神社の果たした役割

それぞれの地域に建てられた神社には、もともと性格の異なる二つの神社群があった。一つは「居留民設置（奉斎）神社」と呼ばれるもので、海外に出かけて行った居留民等が海外での慣れない、また厳しい環境のもとで、自らの生活の安穏を祈願するために、また日本人としてのアイデンティティを維持する等、もっぱら自分たちのために建てた神社で、初期の海外神社の多くはそういったものであった。ここでは、現地人の教化といったものはほとんど意識されていなかった。

これに対して、もう一つは、「政府設置（奉斎）神社」とよばれるもので、これは日本国政府や総督府・軍などや現地の日本統治組織によって、その地域の統治のシンボル、「総鎮守」として建てられたもので、初発から現地人の教化をも目的として建てられたものである。台湾における台湾神社（後神宮）、樺太における樺太神社、朝鮮における朝鮮神宮、南洋諸島における南洋神社、関東州における関東神宮であり、これらはいずれも官幣大社という最高位の社格を与えられていた。この他、満州における建国神廟や中華民国における北京神社、シンガポールの昭南神社などもそうした性格を持った神社であった。当初は、この二つの神社群は必ずしもリンクしていなかったが、一九三〇年代後半以降、特に皇民化政策期には、この二つの神社群は後者、すなわち「政府設置

（奉斎）神社」を上位のものとして、一体のものとなり、天照大神や明治天皇等を祭神とする神社に対する現地人の参拝等が奨励され、皇民化政策に大きな役割を果たした（千葉正士「東亜支配イデオロギーとしての神社政策」『仁井田陞博士追悼論文集』第三巻、『日本法とアジア』勁草書房、一九七〇年）。また、こうした政治性の故に、日本の敗戦に伴う政治権力の崩壊、大日本帝国の崩壊と共に、全ての海外神社の機能は停止したのである。

二　海外神社跡地における神社の遺構・遺物の残存状況

それでは本題の、こうして機能を停止した海外神社及びその跡地がその後、今日に到るまで、どのような運命をたどっていったのか、このことを見ていこう。

一九四五年の日本の敗戦、植民地支配の崩壊から、今日まで六〇数年の年月が過ぎ去っている。筆者が調査を始めた一九九〇年段階でもすでに四〇数年の月日が流れていた。それまで一般に、海外神社は敗戦時、日本の植民地支配の精神的シンボルとして、現地人の放火、略奪、破壊の対象になったと言われていたので、実際に跡地調査を始める前までは、その痕跡さえ残っていないのではと思っていた。しかしながら、この二十年の調査で、まず感じさせられたことは、意外に神社跡地の痕跡が残っているという事、そして様々な「カタチ」に変容しているという事であった。まず、この点について確認しておこう。

今、筆者が調査した一〇九の海外神社跡地の現況、遺構・遺物の残存状況などを示すと表3のようになる。この表でも明らかなように、今日その跡地がどのように利用されているのか、いないのかにかかわらず、その痕跡を確認することが出来ないのは三六社（表3の「残存状況」の項「なし」＋「（不明）」の数）、約三三％に過ぎない。この中にはその神社跡地の付近に行きながらも、最終的にその場所を確定できなかったり、また確定しても十分な調査が出来なかったもの（「（不明）」八社がこれである）も含まれているので実際はもっと少ない数字になってくると考えている。

写真１　樺太泊居支庁下、泊居町に建てられた泊居神社跡Ⓒ。遠く日本海を望み、手前に本殿基壇、その前に二の鳥居左に忠魂碑が見える。

石やコンクリートで造られた鳥居や燈籠、或いは手水鉢、また、境内に建てられた様々な記念碑、さらには階段や建物の基壇部分といったものが数多く残されている。例えば、写真1は樺太の西海岸、泊居支庁の泊居町に建てられた泊居神社（一九一九年創立）の跡地である。泊居の街から一望でき、また、泊居の街や日本海を見渡す事の出来る、絶好の

境内面積	現況	残存状況	調査年月
115,600	ホテル(圓山大飯店)、圓通巖(再建)	狛犬 2、地下遺構（地下奉斎施設）、筋塀	2012.01
	（台北）忠烈祠	なし	1992.09
7,402	高雄市忠烈祠・公園	階段、燈籠など一部改変されて残存	1992.09
7,316	公園、大駐車場（地下）	外苑にあった公園事務所、武徳殿が忠義国民小学校に残存	2012.01
1,006	明延平郡王祠として復活	鳥居の笠木部分、祭祀具、神輿。また台南神社の燈籠、狛犬	2012.01
55,800	桃園県忠烈祠	木造の社殿部分を含めてほぼ完全な形で残存	1996.08
19,577	花蓮県忠烈祠	石段	1992.09
	旧郡長宅・兵舎	境内の区画はそのまま	1992.09
	碧蓮寺	鳥居 1、燈籠 4、狛犬 2	1992.09
6,008	雑木林（檳榔他）	燈籠基壇又は狛犬台石、石造小太鼓橋、石柱	1992.09
6,220	文天祥の銅像･｢正気歌｣の歌碑	石段など構造はほぼそのまま	1992.09
	社殿部分は檳榔畑	石段など構造はほぼそのまま。鳥居 2、燈籠 17	1992.09
	住宅密集地	（不明）	1996.08
	畑（蜜柑、文旦）	石段の一部、燈籠の笠の部分	1992.09
	小祠（福徳祠）	本殿跡のコンクリート石組みあり	1992.09
	廟建設中	なし	1992.09
	個人の墓地	階段、燈籠 4、鳥居の柱穴 4	1992.09
	公園（中山公園）、孫文の銅像	石段など構造はそのまま	1992.09
	雑草	鳥居柱穴 2、燈籠 3（2 は基壇のみ）、太鼓橋、階段	1996.08
	雑木林	一部階段跡	1992.09
	山崩れ跡（砂防堤）	忠魂碑	1992.09
	雑草	鳥居 1、燈籠 6、手水鉢	1992.09
	キリスト教会（天主教会）、公園	鳥居 2、燈籠 8、狛犬 4、本殿基壇	1992.09
	廟（協天宮）	なし	1992.09
	雑草	鳥居 1、石段など	1992.09
	キリスト教会（光復教会）	参道部分そのまま	1996.08
	雑草	石段跡、本殿の基壇石組み	1992.09
21,716	個人会社事務所･公園･兵士の像	宝物殿（コンクリート）、燈籠基壇 2、倒壊した燈籠	2003.10
6,000	ユジノ・サハリンスク市立病院	階段、社殿基壇、燈籠基壇、燈籠の笠	2003.10
5,118	遺体検視所	鳥居台石、燈籠基壇	2003.10
1,226	駐車場、団地	なし	2003.10
980	畑地	鳥居の片足、鳥居の他の部分の残骸	2003.10
2,921	雑草	社殿基壇、鳥居 2、忠魂碑、戦勝記念碑、燈籠基壇 4	2003.10
1,000	雑草	燈籠基壇	2003.10
2,559	サハリン郵船会社	階段、下部石積擁壁、燈籠基壇、手水鉢	2003.10
1,000	雑草	鳥居台石 2、狛犬台座	2003.10
1,440	雑草	大燈籠基壇 2	2003.10
	牧草地	燈籠基壇	2003.10
3,000	船舶カレッジ	階段、手水鉢、鳥居台石	2003.10
1,500	彩帆八幡神社として再建	鳥居、手水鉢、階段、社号標、燈籠 2	2004.08
1,053	キリスト教会墓地	鳥居、本殿基壇、燈籠 4	2004.08
1,860	公園	なし	2004.08
6,427	彩帆香取神社として再建	社号標、本殿基壇、階段、燈籠	2004.08
6,000	密林	社殿基壇 2、階段 2、燈籠基壇 10、太鼓橋、手水鉢、鳥居台石	2004.08
	密林	鳥居、燈籠基壇 2、石段、本殿基壇	2004.08
	雑草	燈籠、燈籠基壇、鳥居（倒壊）、階段	2004.08
6,219	学校敷地	鳥居柱の一部	2004.08
1,500	天仁央神社として再建	鳥居、燈籠 2、本殿基壇、玉垣、手水鉢、狛犬 4、階段	2004.08
3,325	キリスト教祠	本殿基壇、玉垣	2004.08
1,818	社殿部分密林	本殿基壇、玉垣、燈籠基壇 2、鳥居（倒壊）、手水鉢	2004.08
2,166	公園、掲示板あり	鳥居（片足）、燈籠 4、本殿基壇、鳥居柱（1 本横転）	2004.08
	草地、看板（歴史遺産）	鳥居 2、燈籠 6、本殿基壇、玉垣	2004.08
3,624	草地	社号標、階段、本殿基壇、玉垣、燈籠基壇 2、大燈籠基壇 2	2004.08
3,897	密林	（不明）	2004.08
4,500	キリスト教祠	階段、本殿基壇、拝殿基壇	2004.08
700	記念碑「平和の礎」	本殿基壇	2004.08
96,248	個人宅、南洋神社（再建）	階段 2、社殿基壇、燈籠 6、手水舎、社号標、太鼓橋等	2004.08
	草地	基壇 2、手水鉢、鳥居台石 2、階段	2004.08

表３　海外神社跡地現況表

	旧支配地名	神社名	鎮座地	社格	創立年	本殿面積
1	台湾	台湾神宮	台北州台北市	官大	1900	31.60
2		台湾護国神社	台北市		1940	
3		高雄神社	高雄州高雄市	県	1912 座	
4		台南神社	台南州台南市	官中	1920	8.80
5		開山神社	台南市	県	1896	
6		桃園神社	新竹州桃園郡桃園街	無	1938	5.50
7		花蓮港神社	花蓮港庁花蓮郡花蓮港街	県	1915	
8		吉野神社	吉野庄	無	1912	
9		豊田神社	壽庄豊田村	無	1915	6.00
10		林田神社	鳳林郡鳳林庄林田村	無	1915	3.50
11		佐久間神社	花蓮郡蕃地タビト社	無	1923	
12		玉里社	玉里郡玉里街玉里	社	1928 座	
13		高砂社	花蓮郡花蓮港街平野帰化	社	1931 座	
14		瑞穂祠	鳳林郡瑞穂庄瑞穂村	社	1931 座	
15		観音山社	玉里郡玉里街観音山	社	1931 座	
16		織羅社	玉里街織羅	社	1931 座	
17		抜子社	鳳林郡瑞穂庄抜子	社	1933 座	
18		壽社	花蓮郡壽庄壽	社	1933 座	
19		タガハン祠	鳳林郡蕃地タガハン社	社	1935 座	
20		太平祠	玉里郡タビラ社	社	1935 座	
21		銅門祠	鳳林郡蕃地ムクムゲ社	社	1936 座	
22		大港口祠	新社庄大港口	社	1937 座	
23		新城社	花蓮郡研海庄新城	社	1937 座	
24		太巴塱祠	鳳林郡太巴塱	社	1937 座	
25		カウワン祠	花蓮郡カウワン社	社	1938 座	
26		馬太鞍遙拝所	鳳林郡馬太鞍	遙		
27		チヤカン遙拝所	蕃地平林社	遙		
28	樺太	樺太神社	豊栄支庁豊原市豊原町旭ヶ丘	官大	1910	13.28
29		樺太護国神社	大字南豊原		1935	
30		豊原神社	大字豊原	県	1910	5.41
31		北辰神社	大字北豊原	無	1924	1.50
32		大山祇神社	豊原郡川上村大字三井	無	1921	3.00
33		泊居神社	泊居支庁泊居郡泊居町大字泊居	無	1921	9.00
34		追手神社	大字追手	無	1931	2.15
35		真岡神社	真岡支庁真岡郡真岡町大字真岡	県	1910	23.75
36		蘭泊神社	蘭泊村大字蘭泊	無	1922	1.50
37		野田神社	野田郡野田町大字野田	無	1923	2.15
38		稲荷神社	野田町			
39		亜庭神社	大泊支庁大泊郡大泊町大字大泊	県	1914	3.19
40	南洋群島	八幡神社	サイパン支庁サイパン島東村	無	1924	3.00
41		南興神社	チャランカ	無	1937	
42		南陽神社	南村アスリート	無	1936	
43		彩帆神社	ガラパン町	無	1914	
44		カラベラ神社	北村カラベラ	無	1919	
45		泉神社	泉村		1940	
46		（南洋コーヒー）神社	サイパン島			
47		天仁安神社	テニアン島ソンソン市街	無	1934	9.00
48		住吉神社	ソンソン	無	1939	
49		和泉神社	マルポ市街	無	1939	
50		橘神社	カーヒー	無	1939	
51		日之出神社	アンガー	無	1939	
52		NKK（南洋興発株式会社）神社	アンガー		1941	
53		羅宗神社	チューロ	無	1939	
54		南光神社	ロタ島ルギー	無	1939	
55		ロタ神社	ソンソン	無	1939	
56		大山祇神社（マニラ神社）	サバナマニラ高地	無		
57		南洋神社	パラオ支庁パラオ島コロル町アルミス高地	官大	1940	
58		ガラスマオ神社	バベルダオブ島ガラスマオ村			

518	場所を移してペリリュウ神社(再建)	なし	2004.08
	文化財（説明看板あり）	社殿基壇、鳥居台石	2006.08
	ほぼそのまま現存	本殿、拝殿、回廊等そのまま現存、燈籠 2	2006.08
6,156	幼稚園(長春人民政府機関幼稚園)	鳥居、拝殿	2006.08
6,403	公園	なし	2002.08
746	駅前商業ビル	なし	2006.08
25,268	学校敷地	なし	2002.08
9,546	体育館、八・一劇場、公園	なし	2006.08
6,258	クラブハウス（公安局退職者用）	燈籠の基壇 2、石造鳥居の一部、コンクリート製鳥居の一部	2006.08
300	公園（鉄嶺公園）	なし	2006.08
3,110	市役所	なし	2006.08
10,324	軍関係施設	（不明）	2006.08
660	遼源鉱務局再就職斡旋所	一部改造された拝殿、手水鉢、燈籠基壇	2016.09
	海軍施設	参道部分	2012.09
	学校敷地（解放小学校）	参道の一部	2004.03
	病院	鳥居台石	2004.03
	個人宅	（不明）	2004.03
	学校敷地	（不明）	2004.03
	荒地	（不明）	2004.03
6,000	住宅・商業施設が密集	（不明）	2000.09
1,066	八・一霊堂	なし	2000.09
6,412	電子台・公園（文化活動広場）	階段、鳥居台石 2、玉垣の一部、参道部分	2003.03
2,637	商店街	（不明）	2003.03
1,089	陸軍施設、公園	なし	1990.11
	建設会社・老人施設（文化財）	本殿、拝殿、幣殿、社務所	2012.08
400	上海交通大学敷地	なし	2009.03
	公園（青城公園）	なし	2012.08
	商店街	なし	2012.08
100,000	公園(南山公園)・安重根記念館	一部石組	2009.05
2,157	公園(龍頭山公園、李舜臣の銅像)	一部小階段	2009.05
18,758	公園（光州公園）・慰霊塔	石段	2005.08
3,549	順天聖信園（児童福祉施設）	神主の住宅	2005.08
2,543	公園（南山市民公園）	なし	2005.08
4,975	住宅地	階段、社務所、納屋、鳥居跡	2005.08
1,380	全羅南道指定文化財	本殿・拝殿・祭器庫の外郭、社務所	2005.08
3,064	学校（馬山第一女子中・高校）	石段	2009.05
	公園、弓道練習場（端陽亭再建）	石段	2005.08
	雑木林	なし	2005.08
	公園	なし	2005.08
	原野	なし	2005.08
	墓地	なし	2005.08
	墓地	なし	2005.08
	雑木林、広場は水田	なし	2005.08
	公園、「抗日闘士」の石碑	なし	2005.08
	雑木林、広場は唐辛子畑	なし	2005.08
	雑木林、旧墓地	8 段の階段、本殿基壇の一部	2005.08
	雑木林、広場は桑畑	本殿基壇	2005.08
	原野	なし	2005.08
	山林（杉林）	本殿基壇、切石の基礎	2005.08
	ゴルフ場、密林	太鼓橋支柱、手水鉢、本殿基壇、社殿基壇	1993.08
	公園、日本人村	なし	2012.08

の痕跡解読』、2007 年 12 月、神奈川大学 21 世紀 COE プログラム研究推進会議）所収の表 1 に、その後の調査を追加したものである。
千島・台湾・南洋—」(『神社本庁教学研究所紀要』第 2 号、1997 年 3 月)、「戦前の海外神社一覧Ⅱ—朝鮮・関東州・満州国・中
『紀要』と『付編』が異なる場合は後者に拠った。また、番号 38、45、46、52、58 の神社は両者にも載っていない神社である。
格社をそれぞれ指す。また社格ではないが、「神」は神饌幣帛指定神社、「府供」は府供進社、「邑供」とは邑供進社、さらに
また「創立年」で「座」は「鎮座年」、「設」は「設立許可年」を表す。本殿、境内の面積の単位は坪である。
コーヒー）神社と表記する。なお、その後、坂井久能氏を通じて、サイパン在住の経験のある上沢祥昭氏より、これは南郷神
「南洋コーヒー株式会社」の「私邸内社」かもしれない。

59		ペリリュウ神社	ペリリュウ島	無		
60	満州	建国神廟	新京特別市		1940	
61		建国忠霊廟	新京特別市		1940	
62		新京神社（長春神社）	新京特別市敷島区平安町	神	1915	18.25
63		吉林神社	吉林省吉林市三線路	神	1934	
64		公主嶺神社	公主嶺街花園町	神	1909	83.00
65		間島神社（龍井神社）	東満総省龍井街第一区		1925	
66		奉天神社	奉天省奉天市大和区琴平町	神	1915	13.85
67		撫順神社	撫順附属地永安台西公園内	神	1909	10.10
68		鉄嶺神社	鉄嶺街花園町	神	1915	3.00
69		開原神社	四平省開原神明街	神	1915	3.60
70		四平街神社	四平街西区利幸町	神	1918	3.00
71		西安神社	西安県第一区仙城村		1935	
72	関東州	関東神宮	関東州旅順市	官大	1938	
73		大連神社	大連市南山	神	1909	7.00
74		沙河口神社	霞町	神	1914	16.85
75		柳樹屯稲荷神社	大連湾會王家屯	神	1919	4.78
76		小野田神社	大連市泡崖屯	神	1922	0.69
77		金州神社	金州會新金州	神	1934	7.50
78	中華民国	北京神社	北京特別市布貢院		1940	
79		天津神社	天津市福島街		1915	
80		青島神社	青島遠寧路		1919	
81		台東鎮神社	青島台東一路		1915	
82		上海神社	上海江湾路		1933	
83		南京神社	南京五台山		1942	
84		靖亜神社	上海法華区弐拾捌保		1935	
85		厚和神社	厚和特別市大馬路		1940	
86		包頭神社	包頭市富三元港		1940	
87	朝鮮	朝鮮神宮	京城府南山	官大	1919	17.00
88		龍頭山神社	釜山府弁天町	国小	1917	12.20
89		光州神社	全羅南道光州府亀岡町	国小	1917	
90		順天神社	順天郡順天邑	邑供	1937	
91		羅州神社	羅州郡羅州邑	邑供	1937	
92		松島神社	木浦府松島町	府供	1916	
93		小鹿島神社	高興郡錦山面		1936	
94		馬山神社	慶尚南道馬山府桜町	府供	1919	
95		和順面神明神祠	全羅南道和順郡和順面鄉廳里	神祠	1930 設	
96		梨陽面神明神祠	梨陽面梨陽里	神祠	1939 設	
97		同福面神明神祠	同福面漆井里	神祠	1939 設	
98		綾州面神明神祠	綾州面蠶亭里	神祠	1939 設	
99		東面神明神祠	東面壮東里	神祠	1939 設	
100		南面神明神祠	南面沙坪里	神祠	1940 設	
101		清豊面神明神祠	清豊面清豊里	神祠	1940 設	
102		春陽面神明神祠	春陽面石亭里	神祠	1940 設	
103		道岩面神明神祠	道岩面源泉里	神祠	1940 設	
104		寒泉面神明神祠	寒泉面金田里	神祠	1940 設	
105		二西面神明神祠	二西面野沙里	神祠	1940 設	
106		道谷面神祠	道谷面孝山里	神祠	1941 設	
107		北面神祠	北面	神祠	1941 設	
108	昭南島	昭南神社	昭南島（シンガポール）マクリチ水源地内		1943	
109	タイ	長政神社	アユタヤ		1938	

出典：中島三千男・津田良樹・冨井正憲「〈海外神社〉跡地に見る景観の変容とその要因」（『環境に刻印された人間活動および災害

1　「神社名」、「鎮座地」、「社格」、「創立年」、「本殿面積」、「境内面積」は、佐藤弘毅の「戦前の海外神社一覧Ⅰ—樺太・華民国—」（『同』第3号、1998年2月）及び同「終戦前の海外神社一覧」（『神道史大辞典』付編所収）に拠った。なお、

2　「社格」の中で「官大」とは官幣大社、「官中」とは官幣中社、「国小」とは国幣小社、「県」とは県社、「無」とは無「社」とは台湾において、「神祠」とは朝鮮において、簡便な神社として 建てられたもの、「遙」とは遙拝所を指す。

3　番号46の神社の正式名称は不明。倒壊した鳥居の柱に「南洋コーヒー株式会社」と刻まれているので、仮に（南洋社であると御教示をいただいた。但し、佐藤弘毅氏の研究によれば、南郷神社の存在は確認されていない。あるいは

4　「調査年月」は複数回行った場合は最新の年月を入れている。

ロケーションに建てられた神社であるが、今日、二基の鳥居が立っており、社殿の基壇部分や一の鳥居の側には記念碑（日露戦争勝利記念）が半分土台の土砂が流されながらもかろうじて立っている。また、社殿の左側には忠魂碑（陸軍大臣小磯国昭謹書）も残っているし、さらに、燈籠の基壇も四つ（二対）残っている。戦前の神社境内の標準的な構築物の残存が、全て揃っている。

　また、台湾の東部、花蓮港庁下玉里街の玉里社（一九二八年鎮座）もよく残っている。玉里の街を見下ろす山裾の小高い丘に建てられたものである。写真2は玉里社の第二階段を上りきった、第

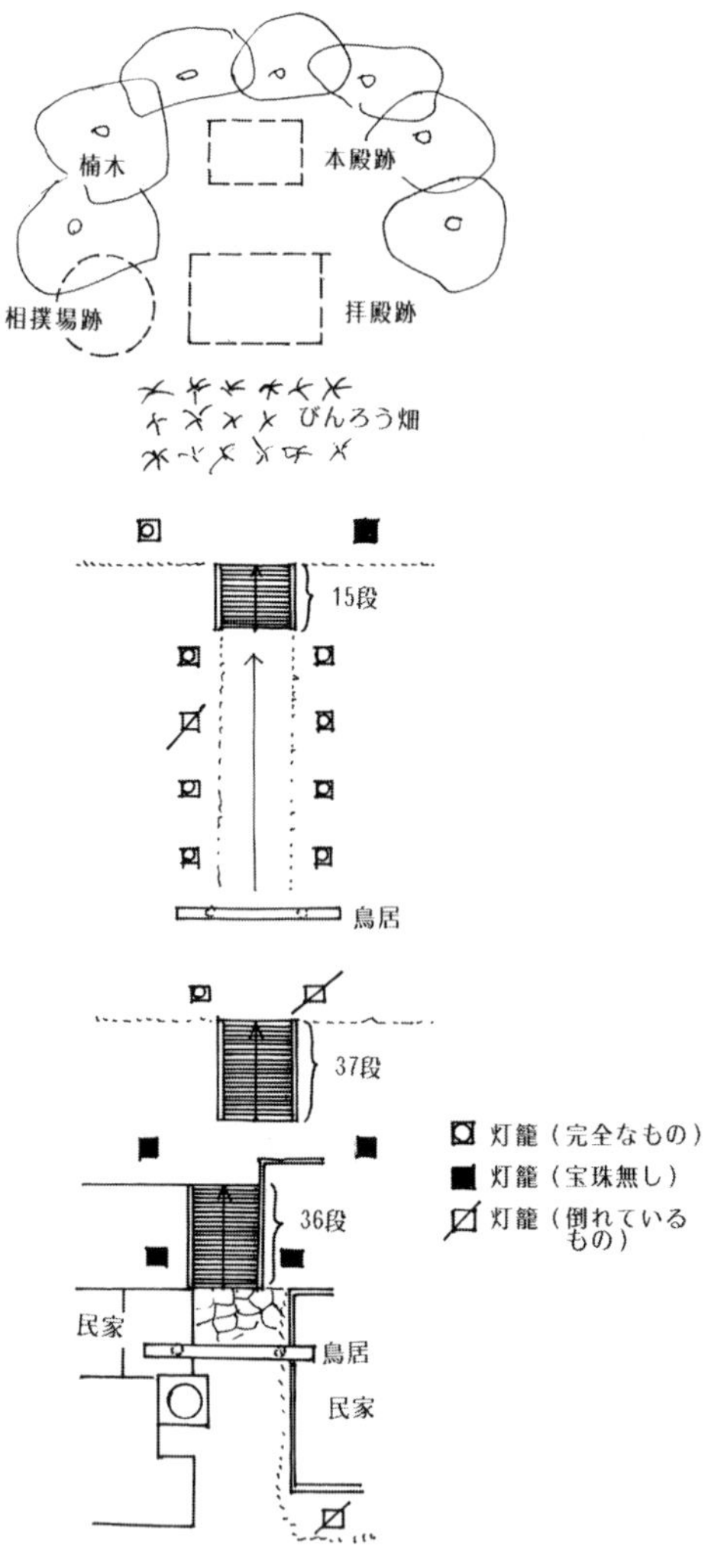

図2　台湾玉里社跡概念図（おおよその配置を示したもの。中島「台湾の神社跡を訪ねて」、『歴史と民俗』10号、1993年8月、91頁）

二ステップに立つ二の鳥居と燈籠であるが、概念図（図2）に見られる如く、全部で、鳥居が二基、それに燈籠一七基（内完全なものは九基）がずらりと並んで立っており、それは見事な景観であった。

上記二つの例は、いずれも社殿部分は見ることが出来ないのであるが、社殿部分を含めて、神社の遺構が残っているものもある。一つは、台湾の北部、新竹州桃園郡の桃園街（現桃園国際空港のある所）に建てられた桃園神社（一九三八年創立）である。この神社は現在桃園県の忠烈祠に改変され

写真２　台湾花蓮港庁下、玉里街に建てられた玉里社跡　二の鳥居と燈籠。

写真３　台湾新竹州下、桃園街に建てられた桃園神社跡　現在桃園県忠烈祠に改変されているが、一部改変されながらも多くの旧神社施設が残っている。

写真４　同前、木造の本殿、拝殿がそのまま残る。

写真５　同前、旧神社時代の石段上で、結婚の記念写真を撮る台湾人のカップル。

ているが、燈籠や鳥居、階段、手水鉢など石造建築物が残っているだけでなく、手水舎、社務所、中門、祝詞舎、拝殿、本殿などの木造建築物がほぼそのまま残っている（写真3）。ここでは、本殿の中の神々が入れ替わっているだけであり、これだけ海外神社の面影をほぼそのまま残しているのは、調査した一〇九社の中では、ここだけである。後で見るように、台湾の主要な神社は多く忠烈祠に改変されるわけであるが、今日、それらの木造建築物は多く多彩式の中国風の社殿に建て替えられている。ただ、この桃園県忠烈祠だけは、日本時代の神社の社殿をそのまま利用していることもあって（写真4）、他の忠烈祠にはない独特の雰囲気を醸しだしている。

　筆者が調査に訪れた日、ちょうど若い

カップルが写真屋と共に、この忠烈祠を背景に結婚の記念写真を撮りに来ていた（写真5）。また、写真6は一九八七年に日本の神職達が訪れ、正装して参拝している様子である（大場俊賢氏提供）。

この他に、木造ではないが建築物が残っているのは、満州の新京（現長春）に建てられた、建国忠霊廟である。建国忠霊廟は一九四〇年、「満州帝国」政府により、建国神廟とともに建てられた。

写真６　同前、旧本殿前で拝礼する日本の神職たち（1987 年、大場俊賢氏提供）。

写真７　満州国新京に建てられた満州国建国神廟。巨大な社殿がほぼそのまま残っている。

天照大神を祀る建国神廟が日本の宮中三殿の一つ賢所になぞらえたものとすれば、建国忠霊廟は靖国神社になぞらえて造られたものである。今日、門、回廊、拝殿、本殿部分がそのまま残っており（写真7）、旧参道の燈籠も残っている。境内の中は今日その一部が住居・作業場として利用されているようであるが、同行していただいた長春師範大学の方の説明によると、現在、歴史的文物として保存される計画があるとのことであった。

また、同じく満州の新京の新京神社（一九一五年創立の長春神社が一九三二年に改称）も、現在幼稚園（長春人民政府機関幼稚園）として利用されているが、鳥居がその門として利用されており（写真8）、また拝殿が一部改造されながら残っていて（写真9）、園舎として利用されている。さ

写真8　満州国新京に建てられた新京（長春）神社の鳥居。貫の部分がはずされ、幼稚園の門となっている。

写真9　同上、旧新京神社拝殿南面Ⓒ。棟の高い旧拝殿の妻面に接続する白壁の棟の低い建物は後補であろう。

らに朝鮮全羅南道高興郡小鹿島に建てられた小鹿島神社の建物も残っている。これは一九一六（大正五）年に朝鮮総督府がハンセン病患者を強制的に隔離するために小鹿島慈恵医院（後小鹿島更生園と改称）を建てたが、翌年その官舎地帯に神祠が建てられたことに始まる。その後、園の拡張工事に伴い、新官舎地帯に新たな神社を創り、一九三六年に創立許可が下りたものである。現在、階

写真10　朝鮮全羅南道高興郡に建てられた小鹿島神社。拝殿および拝殿前階段Ⓒ。

写真11　同前、神殿正面。屋根はスレート葺Ⓒ。

段の他に木造の社務所、それにコンクリート造りの祭器庫、拝殿、本殿が残っている。社務所は増改築がなされているようだが、今も居住用に使われており、祭器庫、拝殿（写真10）、本殿（写真11）は開口部の建具等がなくなり、内部も壊されているが、骨格は現在も残っている。この小鹿島神社の遺構は、現在の韓国内にある神社遺構の中で最もまとまって当時の面影を偲ぶ事ができる神

写真 12　満州国四平省西安県（現遼源）に建てられた西安神社拝殿©。元入母屋造の拝殿が切妻造に改変されている。手前に突き出した部分は後補。現在は遼源鉱務局再就職斡旋所として利用されている。

写真 13　同前、残存する手水鉢©。

社遺構であり、二〇〇〇年に民族屈辱の歴史建造物として「全羅南道指定文化財登録第七一号」に指定されている。この他、満州の西安（現遼源）に西安鉱業所によって建てられた西安神社（一九三五年創立）も鳥居は残っていないが社殿部分が残り（写真12）、他に手水鉢（写真13）や燈籠の基壇が残っている。さらに、朝鮮全羅南道順天郡順天邑に一九三七年に建てられた順天神社は今日キリスト教系の児童福祉施設（順天聖信園）となっているが、ここでは社務所だけが改造されて残っている。

以上、社殿部分や神社の遺構が比較的纏まって残っている例を紹介したが、もちろんこうした例は少ない。しかし表3の如く、多くの神社跡には階段や燈籠や鳥居や手水鉢、あるいは基壇等が単体で、あるいはいくつかの組合わせで残っており、神社跡地であることを確定できるのである。

この他にも神社境内にあった遺物が、跡地ではなく、場所を移動して残されている場合もある。サハリンの郷土史博物館の玄関前の両側に飾られている狛犬（獅子）像は、かつて樺太護国神社（後述）に奉安されていたものである。また現在台北の台湾省立博物館の前庭に置かれている水牛の像は、台湾護国神社の境内にあったものを移したものであるという。このように、重量があり、また美術品としての価値のあるものは、今日、公的施設に移されて公開され、見ることができるが、簡単に移動できるものは、戦後の混乱期に、またその後の長い年月の間に、社殿跡から移動され不明になったものも多いようである。南洋群島のペリリュウ神社跡地を訪れた時には、旧社殿跡にあった一基の燈籠を自分の家に持ち帰ったという話を現地の人に聞いたし、また台湾の抜子社の木の鳥居は橋の部材として利用したという話も聞いた。さらには台湾の台南嘉義に建てられた、関子嶺神社の石造神社標が階段の踏み石として、また、同神社の賽銭箱が学校のごみ箱として、利用されたという話も聞いた。

三　海外神社跡地の景観変容の四類型

以上見たように、海外神社の跡地には、予想に反して遺物・遺構が数多く残されているわけであるが、表4はこれまで現地を訪れた一〇九社の海外神社跡地が今日どのような状況になっているのか、どのように景観を変容させているかという事を、現況・景観別にまとめたものである。

海外神社跡地の現況の景観は大きく四つに分ける事が出来る。一つは、神社跡地が今日何らかの形に改変、手を加えられて、その中に神社の遺構の一部が残っていたり、あるいは全く痕跡さえ見られないという例である（以下、「改変」と表記）。二つめは、ほとんど手を加えられず未利用のまま放置され、草地や荒地の中に神社の遺構が残されていたり、また、雑木林や密林（ジャングル）の中に遺構が残されている例である（以下、「放置」と表記）。三つめは、戦前の海外神社が、戦後一旦廃絶し、その機能を喪失したにも拘わらず、一九八〇年代以降、「再建」された例である（以下、「再建」と表記）。四つ目は、海外神社が、もともとあった施設を利用して、創立された場合、

表 4　現況別旧海外神社一覧

類型	現況	旧神社名
改変	公園	高雄神社・壽社・新城社・台南神社（台）、樺太神社（樺）、朝鮮神宮・龍頭山神社・光州神社・羅州神社・和順面神明神祠・同福面神明神祠・春陽面神明神祠（朝）、青島神社、厚和神社、上海神社（中）、南陽神社・日之出神社・大山祇神社（南）、吉林神社・鉄嶺神社・奉天神社（満）、長政神社（タ）
	宗教施設	新城社・馬太鞍遙拝所（台・教会）、和泉神社・ロタ神社（南・キリスト教祠）、豊田神社（台・寺院）、観音山社・太巴塱祠・織羅社（台・廟、小祠）
	墓地	抜子社（台）、東面神明神祠・南面神明神祠（朝）、南興神社（南）
	忠烈祠	台湾護国神社・高雄神社・花蓮港神社・桃園神社（台）
	銅像・記念碑・記念館等	佐久間神社・壽社（台）、大山祇神社（南）、朝鮮神宮・龍頭山神社・光州神社・春陽面神明神祠（朝）、樺太神社（樺）、長政神社（タイ）
	文化財・歴史遺産等	小鹿島神社（朝）、建国神廟（満）・NKK 神社（南）、台南神社（台）、南京神社（中）
	幼稚園・学校等教育施設	台南神社（台）、大連神社・小野田神社（関）、亜庭神社（樺）、新京神社・間島神社（満）、天仁安神社（南）、順天神社・馬山神社（朝）、靖亜神社（中）
	病院	樺太護国神社（樺）、沙河口神社（関）
	軍施設	吉野神社（台）、関東神宮（関）、天津神社・上海神社（中）、四平街神社・奉天神社（満）
	その他	台湾神宮（台・ホテル）、台南神社（台・地下駐車場）、高砂社（台・住宅地）、吉野神社（台・個人宅）、樺太神社（樺・会社事務所）、豊原神社（樺・遺体検視所）、真岡神社（樺・会社）、北辰神社（樺・駐車場、団地）、柳樹屯稲荷神社（関・個人宅）、松島神社（朝・住宅地）、和順面神明神祠（朝・弓道練習場）、南洋神社（南・個人宅）、ペリリュウ神社（南・旧跡地採石場）、北京神社（中・商業施設）、青島神社（中・電子台）、台東鎮神社（中・商店街）、南京神社（中・会社事務所、老人施設、体育施設）、包頭神社（中・商店街）、昭南神社（昭・ゴルフ場）、公主嶺神社（満・駅前ビル）、奉天神社（満・体育館、八・一劇場）、撫順神社（満・公安局退職者用クラブハウス）、開原神社（満・市役所）、西安神社（満・遼源鉱務局再就職斡旋所）、長政神社（タ・日本人村）
	農耕地・牧草地・山林	瑞穂祠・玉里社（台）、大山祇神社・稲荷神社（樺）、清豊面神明神祠・道岩面神明神祠・二西面神明神祠・北面神祠（朝）
放置	草地・荒地・雑木林・密林	林田神社・太平祠・銅門祠・大港口祠・カウワン祠・タガハン祠・チヤカン遙拝所（台）、泊居神社・追手神社・蘭泊神社・野田神社（樺）、梨陽面神明神祠・綾州面神明神祠・清豊面神明神祠・道岩面神明神祠・寒泉面神明神祠・二西面神明神祠・道谷面神祠（朝）、金州神社（関）、カラベラ神社・泉神社・（南洋コーヒー）神社・橘神社・NKK 神社・羅宗神社・南光神社・ガラスマオ神社（南）、昭南神社（昭）
	ほぼ現状を維持したまま	建国忠霊廟（満）
再建		彩帆神社（南・彩帆香取神社として再建）、八幡神社（南・彩帆八幡神社として再建）、住吉神社（南・天仁央神社として再建）・ペリリュウ神社（南・旧跡地の近くに再建）、南洋神社（南・私邸内の社殿部分再建）
復活		開山神社（台・明延平郡王祠）、台湾神宮（台・圓通巖）和順面神明神祠（朝・弓道場瑞陽亭）

出典：表 3 に同じ。
　1　旧神社名の後の（ ）は、日本の支配下に入った地域の旧名（表 1 の「旧支配地名」）の頭文字である。

日本の敗戦により、それが元の施設に戻った例、いわば「復活」した例である（以下「復活」と表記）。

表4はこの四つの類型に従って、該当する旧神社名を入れたものである。但し旧官国幣社のように多くの社殿と広大な境内をもっている場合、神社跡地といっても、本殿と他の社殿、またそれらと境内が別々に利用されて、景観を変容させている場合がある。例えば朝鮮神宮（京城府南山、一九一九年創立、官幣大社）の場合、広大な境内は今日、南山公園として利用されており、上部の社地部分には、安重根の記念館もある。また、昭南神社（昭南島・シンガポール、一九四三年創立）の場合、本殿部分は密林・ジャングルの中に埋没しているが、その他の社殿、境内部分はゴルフ場となっている。このような場合には、一つの旧神社名が、異なった「現況」の中にそれぞれ記入されているので、同じ「旧神社名」が複数回出てくることになる（例えば昭南神社は「その他」と「草地…密林」の二つの現況に出てくる）。

さて、これまで調査した一〇九の神社跡地の内、一番多いのは、跡地が何らかの形で改変され、手をくわえられて利用されている「改変」の事例である。先程述べた理由から、重複を避けるために、今仮に、現況を旧神社の本殿跡地部分に固定して、「類型」の数を数えて見れば「改変」された例が七三と全体の六七％を占める。二番目に多いのは「放置」されている例で、二九と、約二七％である。神社が「再建」された例は五つ、神社となる前のものに「復活」した神社跡地は二つ（後で述べる台湾神宮跡地の圓通巌を入れれば三つ）だけである。

さて、これらをもう少し具体的に見ておこう。まず、数が少ない方から見ていきたい。

一　「復活」した例

「復活」した例としては、まず台湾の開山神社跡地がある。台南州台南市にあった開山神社は、日本の台湾統治が始まった翌年、一八九六年に創立（翌年県社に列格）されたもので、台湾で最も早く創立された海外神社である。しかし、創立といっても、この神社は新しく建てられたものではなく、すでにあった鄭成功を祀る廟（明延平郡王祠）を改称したものである。日本の敗戦後は、再び明延平郡王祠として「復活」し、今日に至っている。

近松門左衛門の時代物の代表作『国性（姓）爺合戦』の主人公「和藤内」として有名な鄭成功は一六二四年（寛永元年）七月、明国の鄭芝龍と肥前の国平戸の士人田川氏の娘（松）の間に、平戸で生まれた。長じて明に渡ったが、一六四四年李自成の乱によって明は倒れ、間もなく満州民族の清が支配するところとなった。旧明の皇族・遺臣たちは各地に亡命政権をつくって清に抵抗したが、鄭芝龍・鄭成功父子も唐王朱聿鍵（のち隆武帝と呼ばれる）を擁して闘った。鄭成功の「国姓爺」の呼称はこの隆武帝に拝謁したとき、国姓の朱を賜ったことに由来している（一六四五年）。自らは畏れ多いこととして、朱姓を使おうとしなかったが、世人からは「国姓を賜った大人」という事で「国姓爺」と呼ばれる事となる。

鄭成功父子は中国南部に拠り、明の再興（反清復明）を目指して闘ったが、形勢利あらず、隆武帝は死去、こうした中で父芝龍は清に投降するが、母親は節を曲げず自害、成功は広西地区で抵抗を続けていた万歴帝の孫である桂王朱由榔（永歴帝）を奉じて抵抗を継続。この間、永歴帝により延平郡王に封じられる（一六五八年、「明延平郡王祠」の由来）。このように、鄭成功は最後まで清と闘うが形勢を逆転できず、金陵（南京）での大敗後、一六六一年再起を期して、一六二四年以来オランダ人（東インド会社）支配下にあった台湾を解放し、ここに拠点を構えた。成功自身は翌年に病没し、後、その子孫たちが継いだが、清朝の攻撃もあって一六八三年に降服、鄭氏一族による台湾支配は三代二三年間で終了した。

鄭氏の政権は短命に終わったが、台湾における最初の漢人政権であり、また台湾全土を一つの空間として浮かび上がらせた政権である。その意味で、鄭成功は台湾の「開発始祖」（ピルグリム・ファザー、pilgrim father）として今日に至るまで台湾・中国本土の漢民族の崇敬を受けている。

鄭成功がなくなった後、台南の「百姓」住民によって小廟祠が建てられ、「延平郡王」として祀られていた。一六八三年に鄭氏三代の統治が終焉し、清朝の領有化に入ると「百姓」住民は多く語ることを忌避、廟の名称を「開山王廟」として、又、鄭成功を「開台聖王」と蔭称し、「誠心敬」、「心同敬」、「合心敬」という三つの神明会（地域住民組織）を組織し、奉祀・運営を行っていた。一八世紀の中頃には規模広大なる神殿（一二五坪）に改められ、また鄭成功の大陸での清朝政府軍との戦いに腹心の部下として活躍した、甘輝、張満禮の二将軍が配祀されるなど、幾度かの改変を経験したが、基本的に台湾住民による、風水害などを防ぐ現世利益信仰の対象として尊崇を集めていた。

こうしたあり方に大きな変化が起こったのは一九世紀の半ば、東アジアの国際関係であった。一八七四年、三年前に起きた、台湾に漂着した琉球漁民殺害事件（宮古島民殺害事件）を口実とした、日本の台湾出兵（五月長崎出港、日本兵三五〇〇人が台湾・屏東に上陸、中国では牡丹社事件）に対抗するために、清国は同じ五月、沈葆禎を国防及び外交の欽差大臣として三〇〇〇名の兵士とともに台湾（台南）に派遣し、日本軍に圧力をかけた。この事件そのものは、その後の北京での外交交渉の結果、その年の一二月に日本軍が撤退して解決するが、沈葆禎は同年、鄭成功について、台湾に住む人々の願いを酌んで「明王朝の遺臣であって清王朝の逆賊にあらず」（これについては既に一七〇〇年に清の康熙帝により詔が出され、鄭成功・経父子の柩を鄭氏の出身地である福建省南安に移して改葬し、廟が建てられていた）「最後まで節義を貫いて国のために自らの命を捧げ、水害・干害に当たっては天に祈った。台湾に対する貢献は非常に大きい」として、諡（おくりな）を追号するとともに、廟を建てて祭る事を清朝政府に奏請した。沈の意図は鄭成功の「忠烈大節」と共に、台湾百姓の「民族大義」の心を振起し、外侮を防ぎ、日本の侵略軍を台湾から駆逐することであった。いわば、清朝政府による「伝統の創造」である。

翌一八七五年正月一〇日、清朝政府は聖旨を批准、「忠節」の諡を追号、並びに延平郡王の専祠を勅建し、国家の祀典に列すると共に、春秋二祭を行うことを決定。沈はこれに基づき「開山王廟」を改称して「明延平郡王祠」（以下、旧を付す）とするとともに、廟を新築した。鄭成功を祀る前殿は福州式の、三進双護龍主建築といわれるもので、三川門に「前無古人」の扁額、後殿の中間には、鄭成功の母親、日本人の田川松の神位を祀る「太妃祠」、その左側に靖寧王朱術桂と殉節の五妃の神位を祀る「靖寧王祠」（靖寧王は台湾に逃れてきた明の王族、清朝の支配下に入る直前五人の妃とともに自決）、右側に鄭成功の長孫鄭克壓及び婦人陳氏の神位を祀る「監国祠」を配した。また、左右の廡（ひさし）には鄭成功の文武の将官一一〇人の神位を配した。さらに、社地の広さを附属圃地を合わせて六七二坪と拡大した。

この一八七五年に清朝政府によって、まさに日本の侵略を防ぐために、台湾住民の「民族大義」を振興するために建てられた「明延平郡王祠」（旧）は、日清戦争後、皮肉にも、日本の統治を正当化する台湾の最初の神社に改変される。一八九六年台南県知事磯貝静蔵は鄭成功の忠烈と母親田川氏の貞烈を称え、総督桂太郎に建議、翌年県社開山神社と改称した。日本人の母親を持ち、日本の平戸で生まれた鄭成功は、日本人の台湾統治を正当化するシンボルと読み替えられたのである。

しかし、県社開山神社と改称されても祭神、結構に大きな変化はなかった（図3）。変化といえば鳥居が建てられたぐらいのものであった。この開山神社に大きな変化があったのは、まず、一九一五年（大正四）年の大改築であった。鄭成功（延平郡王）を祀る前殿（本殿）の前に、日本式の拝殿を新設、また社務所、浄手処（手水舎）、神職宿舎、歩道なども新設され、華表（鳥居）も移設された（図4）。境内もこれまでの十数倍の九四〇〇余坪に拡大された。こうして開山神社は旧来の明延平郡王祠（廟）と日本式神社建築の「合一」の建物となった。さらに、こうした廟の

図 3　1915 年（大正 4）大改築前の県社開山神社（即ち当初の延平郡王祠）の建物平面略図

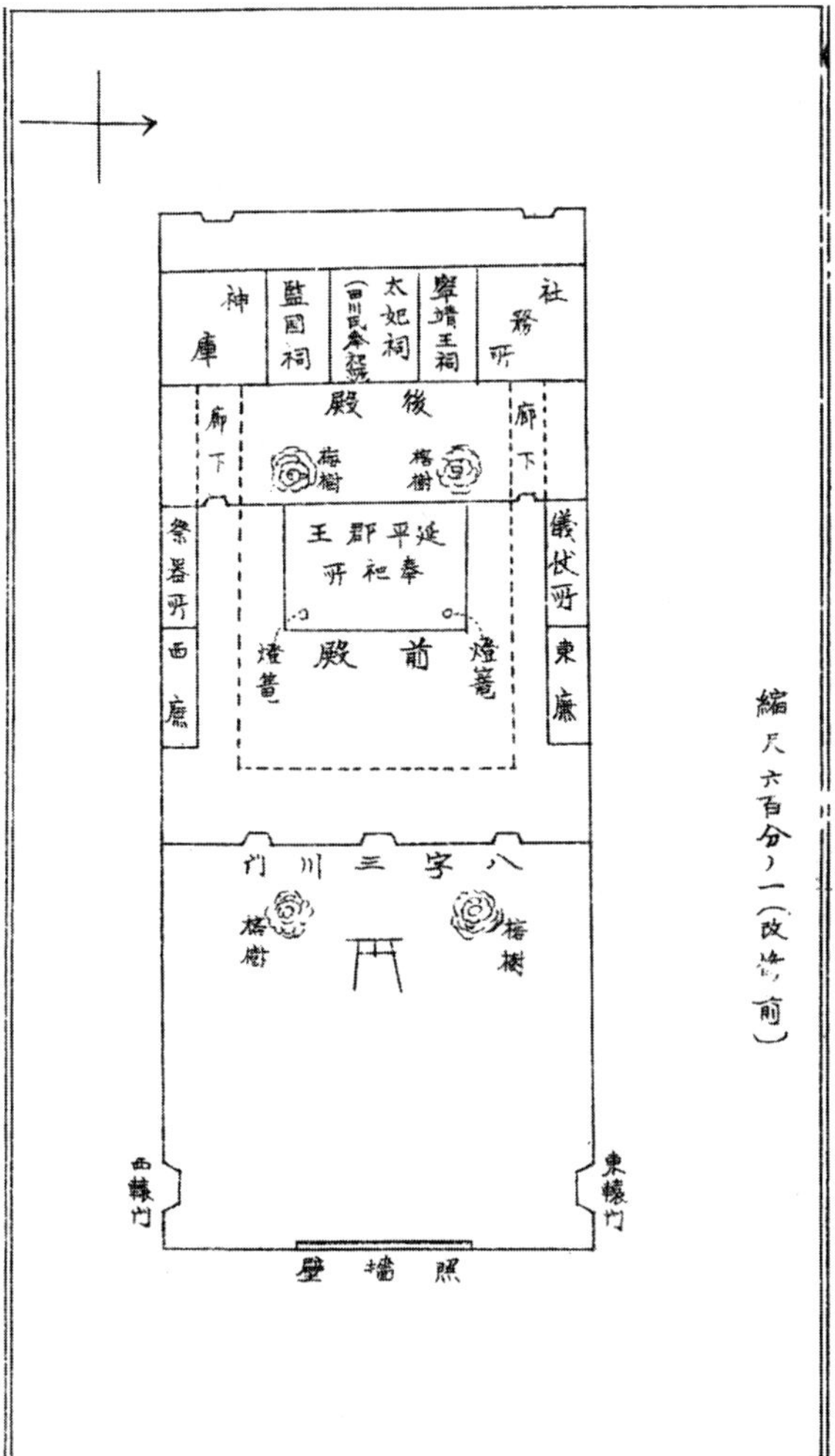

出典：山田孝使『県社開山神社沿革誌』（1915 年 4 月、県社開山神社社務所）より転載

図４　1915 年（大正４）大改築後の県社開山神社　建物平面略図

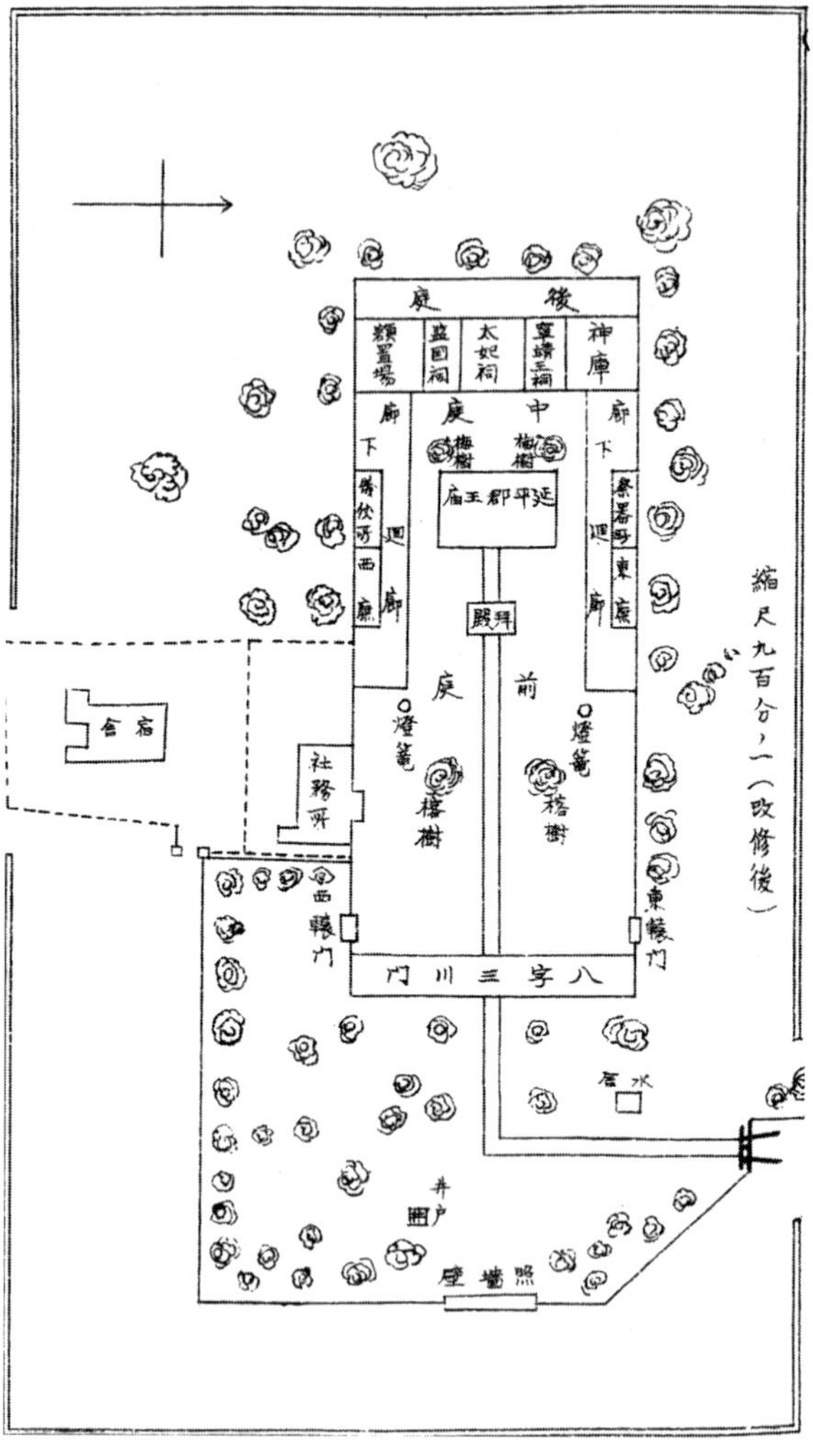

出典：同前

神社化を推し進めたのが、一九四一年の大改築である。同神社は創立四〇周年を前に、また将来、官国幣社への昇格を見越して、一九三五年頃より改築問題が起こった。ちょうどこの頃、台湾において一九三〇年代後半から、一九四〇年代初頭まで、皇民化政策の一環として、在来寺廟の統廃合(「寺廟整理運動」=台湾版廃仏毀釈運動)が進行していたが、こうした背景のもと、一九四一年に流造の本殿と幣殿・拝殿を神廊でつないだ「純日本式」の新社殿が新築された。旧来の前殿(本殿)等の建物は取り毀しこそされなかったが、「記念物」として位置づけられ、理念的には開山神社の神社化が「完成」したのである。

写真14　台湾　復活した明延平郡王祠の石塔。開山神社時代の鳥居の石材を利用して建てられた。

しかし、一九四五年八月、日本の敗戦、台湾の植民地支配の終焉、光復とともに、県社開山神社は再び明延平郡王祠(新)として復活する。国民党政府は日本の政治的意図を払拭するために、日本式の建築をなくす政策をとる。開山神社と改称して以降、一九四一年に新築された新社殿の撤去などが行われるが、この日本統治の正当性を象徴する開山神社から明延平郡王祠(新)への回帰を象徴するもの

写真15　台湾　同前石塔建設の際、取り外された旧鳥居の笠木の部分は今も鄭成功文物館脇に放置されたままになっている。

が、開山神社時代に新築された鳥居の改変である。

一九四七年、鳥居の笠の部分及び開山神社と書かれた額は取り外され、代わりに国民党徽・晴天白日徽と「忠肝義膽」と書かれた横書が掲げられた（写真14）（写真15）。この「忠肝義膽」の横書は、一九四七年の「2・28事件」の後、蔣介石から「来台宣撫」の任を帯びて南京より呼び寄せられた、白崇禧国防部長（国民革命軍一級上将で「小諸葛」の称を持つ。抗日の名将であり、また著名な作家白先勇の父親でもある）の手になるものである。

また、一九五二年には、一九四一年の「純日本式」の大改築の際にも「記念物」として残された曲線の優美な福州式の旧社殿は「講求気勢」の北方式建築に改築され、明延平郡王祠の歴史的建築としての価値は全く失われてしまった。

その後、一九六四年に再度、大規模な改築が行われ、今日の明延平郡王祠の姿が出来上がった。

このように、開山神社は、歴史的には鄭成功を祀る「開山王廟」、直接的には一八七五年の「明延平郡王祠」（旧）を、日本統治の正当性を象徴し台湾の民心を収攬するために開山神社と改めたものであるが、日本の敗戦、日本統治の終焉とともに、もとの「明延平郡王祠」（新）に戻った

（「復活」）。

但し、いうまでもないことであるが、名称は元に戻り、その意味で復活したのであるが、そのもつ意味、機能は異なっている。清朝時代の明延平郡王祠（廟）は日本を始めとする列強の侵略から台湾を守るためであったが、国民党（中華民国）政府の明延平郡王祠（新）は、初期は中国共産党の支配する大陸反攻の象徴として、そして今日では台湾の文化遺産の一つとして位置づけられている。

以上、「復活」の事例として、開山神社の例を紹介したが、このほか、「復活」即ち、神社が建てられる前の施設に戻った例として、朝鮮全羅南道和順郡の和順面神明神祠跡地がある、この神祠は和順郡の一三の神祠の中でも最も早い、一九三〇（昭和五）年七月に設立許可がおりたものだが、郡庁舎が所在する和順郡の中心的な面の小高い山上に建てられたもので、神殿そのものはそう大きなものではなかったが、和順郡内の他の神祠とは異なり、今日も残る長い立派な石段を持つなど、むしろ神祠というよりも神社の様相を強く持ったものであった。ここは、もと、伝統的な弓道の練習場があったところであり、ここに神殿を建てたのであるが、日本の敗戦と共にこの神殿は大韓青年団の手によって破却され、一九六八年にもとの弓道場が復活して（端

写真16　朝鮮全羅南道和順郡和順面神明神祠跡Ⓒ。正面小高く盛り上がっている所に神祠があった。現在は弓道場になっている。

写真 17　台湾　台北市圓山圓通巖。

写真 18　台湾　「台北市圓山圓通巖沿革」。

陽亭）、今日に至っている（写真16）。

また、丸々復活したわけではないが、台湾・台北の剣潭山の南麓にあり台北で最も古い名所旧蹟で、日本統治時代には日本人にも信仰を集めていた剣潭古寺は、後で述べる、紀元二六〇〇年祭（一九四〇年）を記念しての、台湾神社を東側に移して、新たに造り替えるという大改造計画の際、その新境内の南側にかかるということで取り壊されてしまったが、光復後、一九五九年に、圓通巖として剣潭山の丘上に「復活」した。

この圓通巖の堂宇には「台北圓山圓通巖沿革」が掲げられているが、台湾神社の大改造計画に伴う剣潭寺の破壊、また新築された直後の台湾神社の社殿に日本の飛行機が墜落して炎上したことについて生々しい記述があるので紹介しておこう。

（前略）「二、所憾日本政府因欲改建台湾神社、勒令古寺遷移、恣意拆除、将這最具叢林規模、剣潭古刹拆毀殆盡、使能續佛慧命、弘法道場之聖地蕩然無存、化為烏有。古刹従此絶蹟、信徒莫不扼腕嘆惜、万民含恨、旧神社位置於圓山大飯店金龍庁所在、往後因縁果報現前、新建日本神社落成前数日、現址是圓山大飯店聯誼会位置、民国三二《ママ》年一〇月間、日機墜落日本新建神社、爆炸火焼数日、動員灌救人員逾千、搶救無効、神社終於燬焼平地、此情今日在台湾年逾七十之耆宿長者、莫不瞭如指掌細説原因」（後略）

まず、日本政府は台湾神社を建て直しするために、剣潭古寺を取り壊し仏法高揚の道場聖地を更地にしてしまったので、信者は嘆き憤慨したというものである。この剣潭古寺の取り壊しの背景には、先に開山神社の一九四一年の改築で述べたように満洲事変以降、台湾で進められた一連の皇民化政策でとられた神社崇拝の強調、それに伴う在来宗教の抑圧の問題があった。とりわけ日中戦争の開始とともに始まった寺廟の整理（台湾版廃仏毀釈）である。

次に、新しく建て直した台湾神社は現在の圓山大飯店の聯誼会交誼廳の位置に建てられたが、仏寺破壊の因果応報により、竣工の数日前、一九四四年一〇月に日本の飛行機が墜落し建物も爆発炎上してしまった。このことは台湾の七〇歳以上の老人は詳細に周知していることである、というものである（写真17、18）。

二　「再建」された例

次に、日本の敗戦、帝国の崩壊後、機能を失った神社が「再建」された神社について見ていこ

写真 19　南洋群島テニアン島の住吉神社跡に再建されたテニアン（天仁央）神社Ⓒ。階段や鳥居は住吉神社時代のもの。

写真 20　同前、玉垣、本殿基壇Ⓒ。狛犬は旧住吉神社時代のもの。基壇の上に石造の新しい本殿が置かれている。

う。第一次世界大戦後、国際連盟の承認により日本の委任統治下に置かれた南洋群島に建てられた神社の中で、再建された神社が六つある。一つはサイパン支庁テニアン島の天仁央（テニアン）神社であり、二つ目はサイパン島の彩帆香取神社、三つ目は同島の彩帆八幡神社（以上の三つは現、北マリアナ諸島連邦）である。四つ目がパラオ支庁コロール島の南洋神社、五つ目はペリリュウ島に建てられたペリリュウ神社（以上の二つは、現パラオ共和国）である。この他再建された神社として、筆者はまだ訪れていないが、アンガウル神社（パラオ支庁アンガウル島、一九一七年創立）がある。

一つ目の、天仁央神社はテニアン島にあった元住吉神社（一九三九年創立）が一九八四年に天仁央神社として、天仁安神社奉賛会により、「再建」されたものである。

日本統治下にあっては、テニアン島には六つの神社があり、その中の一つとして、市街のソンソンに島の中心的神社として、島全域を氏子区域とする、天仁安神社（テニアンのアンはもともと「央」ではなく「安」と表記されていた）というものが建てられていた（一九三四年創立）。しかし、これは一九四四年のアメリカ軍の爆撃、占領によって壊滅的な打撃を受け消滅してしまった（跡地には、学校が建てられている）。

また、住吉神社は一九三九年にソンソンのライオンロックと呼ばれる高台中腹の眺めの良い場所に南洋興発株式会社の第一農場を氏子区域とする神社として創立されたものであった。

この住吉神社跡地に一九八四年に天仁安神社奉賛会によって、天仁央神社が再建されたものである。写真19は入り口部分であるが、左側に英文で「TENIAN SHRINE」と書かれた看板の後方に「天仁央神社」と書かれた社号標があり、燈籠、鳥居、さらには手水鉢も見える。奥に白い本殿が見えている。鳥居や手水鉢、階段は旧住吉神社の遺構・遺物である。本殿や、階段上部の二基狛犬（青流社奉納）が再建にあたって新しく据えられたものであり、社殿を囲む柵（玉垣）や本殿の基壇、その前の二基の狛犬は元の住吉神社時代のものである（写真20）。

二つ目の、彩帆香取神社は、南洋群島の神社の中で、最も早く建てられた彩帆神社（一九一四年サイパン島のガラパン町香取山に創立、氏子区域ガラパン町一円）が再建されたものである。彩帆神社は一九四四年のアメリカ軍との戦闘で炎上、消失したが、それを一九八五年に彩帆（サイパン）香取神社として再建されたものである（写真21）。

写真 21　南洋群島サイパン島、彩帆神社跡地に再建された彩帆香取神社Ⓒ。拝殿の奥に本殿へと続く彩帆神社時代の階段が見える。

写真 22　同上。社前に残置された、旧彩帆神社時代の燈籠と社号標Ⓒ。

境内の「再建の記」には以下のように書かれている。

「北マリアナ連邦の繁栄と平和、並びに日本国との悠久の親善友好を祈念しつつ……連邦政府の歴史事跡を保存尊重する考えと日本の香取神社連合会との合意に依り……神社祭典の斎場を整へ、以て香取大神の宏大なる神徳を仰ぎ太平洋の国々の平和と諸国民の幸福を祈念する次第である。香取神社連合会・マリアナ観光局」

サイパンの中心街、ガラパン地区の旧香取山を背景にした公園の一角、砂糖王といわれた南洋興発株式会社の社長松江春次の巨大な銅像とともにある。再建された彩帆香取神社の鳥居や燈籠、社殿は全部新造されたもので、当時の面影を偲ばせてくれるのは、僅かに鳥居の手前に残されている、崩れた燈籠と社号標（写真22）、そして拝殿から本殿に続く階段と本殿の基壇だけである。

なお、拝殿の左側に彩帆鎮霊社というものが建てられているが、その掲額には「彩帆鎮霊社御創建奉仕者名　清流社青年神職・南洋群島慰霊巡拝団（個人名略）昭和六拾年六月吉祥日」とある。

三つ目のサイパン島の彩帆八幡神社は、一九二四年にサイパン島の東村に建てられ、東村一円を氏子区域とする八幡神社を、一九八一年に埼玉県久伊豆神社の小林茂宮司が中心になって彩帆八幡神社として再建したものである。祭神はもと大抵比賣神と息長帯姫であったが、再建されたものは彩帆国魂大神、八幡大神、久伊豆大神の三神である。再建の経緯はサイパンを訪れた、宮司の御子息がサイパン島で唯一、神社の面影を残していた旧八幡神社を見て、再建を決意したという事である。旧八幡神社がその面影を長く留めていたのは、戦後境内地の所有者となった、現地人のフランク・ゲレロ氏が大切に守り続けてきたからであった。

写真 23　南洋群島サイパン島、八幡神社跡に再建された彩帆八幡神社Ⓒ。鳥居の奥、巨大な岩に囲まれた奥に本殿がある。

写真 24　同前　旧八幡神社時代の鳥居が倒れたまま残されているⒸ。

本殿は巨大な二枚の岩の間に挟まれた空間（参道）の奥に安置さ

写真25　南洋群島コロール島（パラオ）、南洋神社跡に再建された南洋神社Ⓒ。手前、本殿・拝殿部分に神社が再建され、向こう側の広場の部分には個人の邸宅が建てられている。新設された石造りの本殿裏から邸宅を臨む。

れ、この岩の入り口に鳥居が立てられている（写真23）。この社殿と鳥居は再建の際、日本で作って運んだものである。この鳥居の手前に、前の八幡神社時代の手水鉢と、鳥居が倒れたまま残されており（写真24）、またその前には社号標、燈籠、参道の階段が草に埋もれて残っている。

　四つ目の南洋神社は一九四〇年、コロール島アルミス高地に南洋群島の総鎮守として建てられた官幣大社である。境内地は九六、二四八坪、樺太神社の約五倍、台湾神宮、朝鮮神宮に匹敵する広さであった。敗戦後、一九四五年九月、米国側の了解のもとに、「奉焼式」を行い、本殿などの社殿部分を日本側の手によって、「奉焼」した。現在、この南洋神社跡地の中心部分は私有地となっており、旧広場のあたりに個人の邸宅が建っている（写真25）。この邸宅の前庭のような形で、旧本殿・拝殿の基礎石組みの上に、鳥居や燈籠、狛犬や本殿が新しく設置されて、一九九七年に「再建」された（写真26）。本殿右側に再建の趣旨を述べた石碑が立っているが、そこには、次のような事が書かれている。「日本人がその地に定住するには、先ず土地の国魂を祀り開拓の先輩を敬重し、敬神崇祖のまごころを尽くすことから始まった。その精神の集中するところが神社であった。しかしながら今次大東亜戦争の挫折によって南洋神社も一旦撤収のやむなきに至った。ここに、新たなる時代を迎えて日パ両国の有志により神社の歴史的由縁に基づきこれを再建し祖先と英霊の御加護を祈り南洋の発展と平和の基点とし以って世界文明の進運に寄与せんと願ふものである」。

また、本殿の左側には別の石碑（戦死者顕彰碑）が設置されているが、そこには次のような文が日本語と英語で刻まれている。「この南洋神社には、日本とパラオの祖先神と大東亜戦争の戦死者が刻まれている。ここに、パラオの戦死者の名を刻み、その勇気を讃える。名越二荒之助」。

写真26　同前　旧拝殿・本殿部分の階段状の基壇の上に、鳥居、燈籠、本殿が建てられているⓒ。

神社の遺構・遺物については多く残っている。社殿部分の基壇、参道の入り口の大燈籠（一対）、神社境内入り口の大燈籠（一対）、太鼓橋、朽ちた社号標、そして社殿に向かう階段。社殿面にあがる階段。その袂に大燈籠（一対）、手水鉢、手水舎などである。

五つ目は、ペリリュウ島のペリリュウ神社である。ペリリュウ島はパラオ島の南方にある小さな島であるが、アジア太平洋戦争末期、フイリピン防衛（攻略）の為に、日米両軍が七三日間にわたって死闘を繰り返した島であった。

ペリリュウ神社の創建年は不明であるが、ペリリュウ島一

写真27　南洋群島ペリリュウ島（パラオ）に再再建されたペリリュウ神社©。旧ペリリュウ神社跡地を少し上った高台に新しく再建された。

円を氏子区域とした神社で、日米両軍の戦闘の中で消失したのを、一九八二年五月に元の神社跡地に清流社によって「再建」されたものである。それをさらに二〇〇一年七月に現在の地、すなわち旧社地より少し上がった高台の上に再再建したものである（写真27）。旧社殿跡地は現在採石（ライム・ストーン）場になっている。

社殿の左側に、その旧社地に再建した本殿と鳥居が移設されている。その他の設備は全て新しく創られたものである。ペリリュウ神社と書かれた、鳥居の社額は今日パラオの特産品となっている木彫りの板（ストーリーボード）で作られている。また、本殿の左下には神社の由緒が次のように刻まれている。

「この神社は青年神職等の組織する清流社が昭和五十七年（一九八二）年五月建立したもので、先に大戦において祖国日本を護るために此の地で散華された、多くの陸海将兵と民間人すべての御霊を祀る鎮魂のところです。祭典は毎年行はれ祖国の安泰と世界の平和を祈念致します。平成十三年七月吉日　清流社」

また、前の社殿跡地時代から建てられていた、米太平洋艦隊の司令長官ミニッツ大将の次の言葉を両面に、日本語と英語で刻んだ石碑も建てられている。

「諸国から訪れる旅人たちよ、この島を守る為に日本軍人がいかに勇敢な愛国心をもって戦いそして玉砕したかを伝えられよ」

以上、五つの「再建」された神社を見てきたが、①いずれも、南洋群島に建てられた神社であること、②一八八〇年以降に「再建」されていること、③再建の主体になったのは日本の神社関係者、民族派の関係者であること等がその特徴としてあげる事ができるであろう。とくに、③で目立つのは清流社という団体である。この団体は青年神職等によって組織された民族派の団体で、一般には、いわゆる「新右翼」に括られる団体である。この団体は、五つの「再建」神社の中でペリリュウ神社の再建に中心的にかかわり、また、天仁央神社においても、燈籠を奉納し、さらに、彩帆香取神社においても、その境内に鎮霊社を建てている。

三　「放置」されたままになっている例

次に、今日、放置されたままになっている神社跡地について見ていこう。まず放置されているといっても、戦後破却を免れ、そのまま形をほぼ維持したまま放置されている場合と、戦後、破却されたりあるいは自然に朽ちたりして、草地や或いは荒地の中にその痕跡を留めているもの、また雑木林や密林（ジャングル）の中に埋没してしまっている場合がある。前者の例は一例だけで、先に見た満州の建国忠霊廟がそれである。ここでは、後者の例を若干紹介しておこう。

まず放置されたままになっているものの中で、階段、鳥居、燈籠、社殿の基壇などが凡そ揃っていて、神社の全体像をほぼ思い浮かべる事の出来る神社跡地は、台湾では大港口祠、タガハン祠、樺太では泊居神社、南洋群島では、カラベラ神社、泉神社、(南洋コーヒー)神社(以上、サイパン島)、橘神社、NKK神社、羅宗神社(以上、テニアン島)、ガラスマオ神社(パラオ、バベルダオブ島)、昭南島(シンガポール)の昭南神社などの跡地である。これらの内からいくつか紹介しておこう。

写真28　台湾花蓮港庁下、新社庄に建てられた大港口祠跡。階段、鳥居、燈籠などが放置されたままになっている。

写真28は台湾花蓮港庁鳳林郡新社庄にあった大港口祠(一九三七年鎮座)跡地である。港を望む丘陵地にあり、道路に面してすぐに階段がある。階段を上ったところに鳥居が一基立っており(鳥居の上部、笠木の中央に角状の突起が付けられている)、また写真では判りにくいが階段に沿って四基(二対)の燈籠が立っており、また階段を上り詰めたところ、鳥居の両側にも一対の燈籠がある。また、手水鉢らしきものもあった。

樺太の泊居神社については、先に紹介したので省略する。

南洋群島には、こうした神社跡地が多い。まず、サイパン島のカラベラ神社は一九一九年旧北村に建てられ、北村一円が氏子区域となっていた神社である。山裾の傾斜地を利用して創建されたこの神社は、今日すっかりジャングルの中に埋もれている。道路から牧場を横切り、ジャングルの中に分け入っていくと太鼓橋、手水鉢、鳥居台石（饅頭）、階段、その脇に点点と残る燈籠の基壇（五対、一〇基）、それを上りきったところに社殿の基壇が二つ（拝殿と本殿か）斜めの線で少し離れて残っている（写真29）。サイパン島の神社は彩帆神社が六、四二七坪と最大で、カラベラ神社を除く神社はいずれも一千坪台の境内地であるが、この神社は六、〇〇〇坪と彩帆神社に匹敵する広さを持っていた。上にみた神社遺構・遺物の残存状況はそれを窺わせるに十分なものであった。

サイパン島の泉神社（一九四〇年創建、氏子区域泉村一円）もジャングルの中に埋もれてしまっている。そしてカラベラ神社ほどではないが、鳥居一基、燈籠基壇二つ、石段二つ、本殿基壇一つ

写真29　南洋群島サイパン島北村に建てられたカラベラ神社跡Ⓒ。完全にジャングル化した跡地に放置されたままの社殿基壇部分。これは雑草・雑木を切り払ったあとに撮った写真である。

写真30　南洋群島サイパン島泉村に建てられた泉神社跡Ⓒ。完全にジャングル化した跡地に放置された鳥居。

が残っており、神社の在りし日を偲ぶことができる（写真30）。

サイパンのこれら二つの神社跡地は、文字通り、放置されジャングルの中に埋もれてしまった例であるが、同じ南洋群島に建てられた神社の中でもテニアン島に建てられた神社跡地は放置といっても少し説明が必要になってくる。テニアン島の三つの神社跡地、橘神社、羅宗神社、ＮＫＫ（南洋興発株式会社）神社の跡地のうち、後二社は厳密には「放置」と言い難いものである。というのは、この二つの神社跡地は旧参道から本殿跡まで、連邦政府（観光担当）の職員の手によって、月二回草刈が行われているとの事であり、また、ＮＫＫ神社には次に述べるように解説の石碑まで建てられているからである。

私共が調査に訪れたのは、八月の中旬であったが、この時は六月に襲った大きな台風の被害のために、職員の手がまわらず、しばらく草刈は出来なかったため、羅宗神社跡地の場合は、人の肩あ

写真31　南洋群島テニアン島、南洋興発の直営農場の鎮守として建てられた羅宗神社跡Ⓒ。社号標が放置されたまま残っている。

写真32　同前、放置されたままの大燈籠Ⓒ。

たりまでの草に覆われていたが、それでもそう言われるとその草は新しく伸びた柔らかな草で（雨季で高温の季節であるので成長が早い）、旧参道から本殿跡まで迷わず到達する事ができた。羅宗神社はテニアン島チューロに一九三九年に建てられたもので、南洋興発株式会社の直営農場を氏子区域にしていた。神社跡には、社号標（写真31）、大燈籠一対（二基）（写真32）、燈籠一対（二基、上部無し）、階段、本殿基壇、玉垣の一部などが残されていた。

また、ＮＫＫ神社はテニアン島アンガーの第四農場（南洋興発株式会社）の関係者によって、一九四一年に建てられたもので、現在、その跡地には鳥居二基（写真33）、燈籠六基（三対）、本殿基壇、本殿を囲む柵（玉垣）の一部が残り、神社の面影をほぼ完璧に残していた。さらに、注目されるのは、この神社跡地の、二の鳥居の前には、次のような、英文と日本語

写真 33　南洋群島テニアン島、南洋興発の第４農場の関係者によって建てられたNKK（南洋興発株式会社）神社跡地に今も残る、一の鳥居Ⓒ。社殿までの参道は連邦政府の職員の手で草が刈られている。

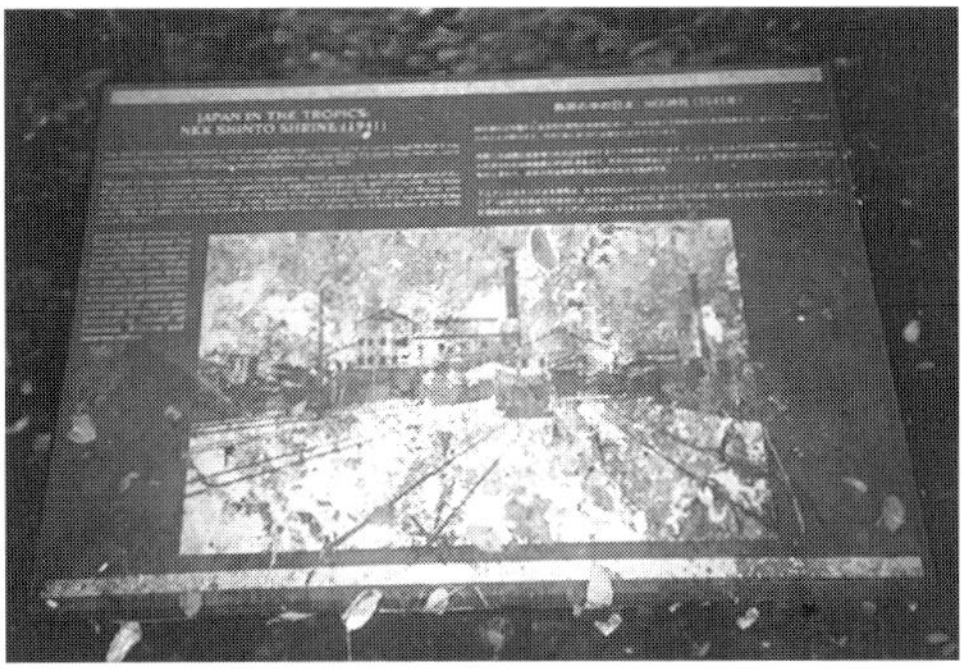

写真 34　同前、二の鳥居のたもとに設置された、解説石碑Ⓒ。

の解説石碑が立てられており、つまり人の訪れる事が前提にされている（写真34）。

「熱帯の中の日本：ＮＫＫ神社（一九四一年）／ＮＫＫ神社は砂糖キビ運搬用の線路の支線横にあり、その名前から砂糖会社の南洋興発会社（ＮＫＫ）によって建設されたことが解ります。柱の一本には一九四一年建立と記されています。神殿への道路には聖域への入り口を意味する二つの鳥居があります。ここに見られるのは一九〇〇年代初期に日本で盛んに造られた明神鳥居と呼ばれるもので、笠木の両端が上に反っています。京都の賀茂神社に造られたのが最初のものと言われ、東京の明治神宮の鳥居は最も有名なものです。テニアンの日本人による開発は、南洋興発会社がサイパンからテニアンに進出した一九二六年頃に始まりました。テニアンは特に砂糖キビの栽培に適しており、一〇年以内に島の八割が砂糖キビ畑になるほどの大耕地となりました。砂糖耕地の拡大に伴い、テニアンは日本人と日本文化の島と化しました。」

写真35　南洋群島テニアン島、南洋興発第３農場の関係者によって建てられた橘神社跡Ⓒ。ジャングルに埋もれ放置されたままになっている倒壊した鳥居。

ここには日本文化（鳥居）の紹介と日本人（南洋興発株式会社）による島の開発（砂糖キビ畑）の様子が淡々と記されている。

以上見たように羅宗神社とＮＫＫ神社の二つの神社跡地は純然たる「放置」とは異なり、次章で詳しく述べるように、日本人観光客を誘致するための施設、その意味で「改変」の例に入れても良いものである。しかし、神社遺構そのものには手を加えられていないので、その点に注目して、この「放置」の項目にいれた。

テニアン島のもう一つの神社、橘神社跡地は、また少し異なる。この神社は一九三九年にテニアン島カーヒーに建てられ、カーヒー並びに南洋興発株式会社第三農場を氏子区域にしていたが、道路から参道に入るまでは、羅宗神社跡地と同じように草が刈られた状態であったが、その先、社殿にいたるまでは、完全にジャングルに覆われていた。燈籠二基（上部欠け）、手水鉢、倒壊した鳥居（写真35）、本殿の基壇、玉垣（一部欠け）などが残されていた。

以上、放置されたままになっている神社跡地の内でも、神社の遺構・遺物が比較的よく残っている例を紹

写真 36　昭南島（シンガポール）に建てられた昭南神社跡。神橋（太鼓橋）の支柱（木）が今も水面に点々と顔を覗かせている。正面奥が社殿側、手前はゴルフコース。

写真 37　朝鮮に建てられた神明神祠遠望Ⓒ。中央のこんもりした山の裾に神殿は建っていた（全羅南道和順郡、綾州面神明神祠跡）。

写真 38　朝鮮の神祠社殿前の広場横から広場および市街地を見るⓒ。面事務所なども見通せた（全羅南道和順郡、二西面神明神祠跡）。

写真 39　朝鮮全羅南道和順郡、寒泉面神明神祠跡に残る神殿テラス前の石段ⓒ。

介したが、残りの他の神社はそれらの一部が残されているだけである。

いくつか、紹介しておこう。銅門祠は台湾花蓮港庁鳳林郡蕃地（先住民族の居住地）ムクムゲ社に一九三六年に鎮座した社である。現在神社跡地には砂防堤が走っており、神社の面影を窺うことは出来ないが、境内に建てられていた、巨大な忠魂碑が残っている。同じく、花蓮港庁花蓮郡カウワン社に一九三八年鎮座したカウワン祠の跡地には、一基の鳥居と石段の一部を残すだけである。

樺太の泊居支庁泊居郡泊居町大字追手に一九三一年に建てられた追手神社跡地には、燈籠基壇など石造物の残骸が散乱していた。

昭南島の昭南神社は一九四三年一一月、シンガポールを占領した日本軍により、南方鎮守のシンボルとして創建されたもので、その建設にはイギリス・オーストラリアの約二万人の捕虜が使役された。マクリッチ貯水池の西の端、貯水池に注ぐ小川を伊勢の五十鈴川に見立て、そこに朱塗りの神橋（太鼓橋）をかけ、対岸のこんもりと繁った、ジャングルを切り開いて本殿が創られた。三段の長い階段、三つの鳥居を持つ巨大な神社であったが、敗戦とともに、軍の手によって爆破された。今日、神橋の木製橋脚が点々と顔を除かせている（写真36）他、ジャングルの中には、階段や手水鉢、社殿基壇等が残っている。

朝鮮全羅南道和順郡の神祠（神明神祠を含む）の跡地も多くが「放置」されたままである。和順郡の神明神祠や神祠は全部で一三社あり、その全てを調査することが出来たが、この内七社が戦後直後に破却されそのまま放置されたままになっている。神祠は、多く集落を見下ろし、また集落から見上げられる小高い丘や山裾を切り開いて建てられたが（写真37、38）、今日その跡地の多くは、元の山林や原野に戻っている。そして、全く痕跡を留めないものが多く、かろうじて一部の神祠で、崩れた石段（写真39）や基壇部分が確認されるだけである。但し、この内、神殿の前庭・広場部分のみ畑として利用されているのが三社ある。

四　「改変」されている例

最後に、改変され人の手が加えられて、現在何らかの形で利用されることによって、景観を変容させている神社跡地について見ておこう。

写真 40　樺太豊原市に建てられた樺太神社跡地Ⓒ。参道はほぼそのままの形で残り、途中には燈籠の基壇も点々と残る。境内は勝利公園の一角となっている。

写真 41　中華民国青島に建てられた青島神社跡。参道はほぼそのまま残り、奥に大石段が見える。これを上がっていくと社殿跡に出る。現在はこの一帯が文化活動広場（公園）になっている。

［公園］

神社は平地の、街の中心部に創られる場合もあったが（中華民国の北京神社、天津神社、満州の建国忠霊廟や新京神社等の満鉄附属地神社、台湾の新城社等）、多くは街の中心から外れた、小高い丘陵、山裾に創られた。

これは、日本においても伝統的に見られる、神社立地の一つであるが、海外神社においては、この点は意識して創られた。神社というものが街の鎮守として、また日本の支配のシンボルとして位置付けられたため、街を見下ろす、また街から仰ぎ見る事の出来る、小高い、風光明媚な場所が求められたのである。

また、神社の清浄感を保つためにも、大きな神社では、境内地に隣接して公園が設けられた場合もあった。こうしたことから、今日、神社跡地がそのまま、公園として整備されている例が多い。

朝鮮神宮跡地の南山公園、樺太神社跡地の勝利公園（写真40）、龍頭山神社の龍頭山公園、青島神社の文化活動広場（写真41）などであり、そのほか、朝鮮の光州神社は光州公園、羅州神社は南山市民公園となっている。また、街の中の平地に建てられた神社でも、吉林神社が児童公園となっている例もある。とくに、満州の満鉄附属地に建てられた神社（満鉄附属地神社）はもともと公園の一角に建てられた例が多いが、鉄嶺神社跡地はそのまま公園として残っている。また、こうした広い境内、隣接して公園をもっていた官国幣社やそれに準じる神社だけではなく、例えば台湾において社（祠）として建てられた壽社（山裾に立地）も中山公園として整備されているし（写真42）、後で見る新城社（街の中心部に立地）の境内もその半分は新城公園として利用されている。また、先に見た朝鮮の和順郡の一三社の神祠の内、和順面神明神祠他二社の跡地が公園になっている。さら

写真42　台湾花蓮港庁花蓮郡壽庄壽に建てられた壽社跡。現在は中山公園になっている。階段は旧神社時代のもの。

写真43　南洋群島テニアン島南洋興発第４農場の関係者によって建てられた日之出神社跡Ⓒ。現在はメモリアル・パークになっている。

写真 44　台湾花蓮港庁花蓮郡研海庄新城に建てられた新城社跡。旧境内の半分は現在、天主教会の敷地になっている。天主教会の標識が架かる一の鳥居。

写真 45　同前。門として利用されている燈籠は宝珠・火袋の部分が改変され、また彩色されている。

に、南洋群島の日之出神社（テニアン島アンガー、氏子区域第四農場、一九三九年創立）もメモリアル・パーク（「AMERICAN MEMORIAL/HINODE SHRINE」の看板が立つ。写真43）として整備されている。

［宗教関連施設］

神社跡地が今日、宗教施設として利用されている場合も多い。まず、キリスト教会あるいは、同教祠あるいは墓地として利用されている例を紹介しておこう。まず、台湾花蓮港庁花蓮郡研海庄新城に建てられた新城社の例である。新城社は一九三七年に鎮座した社であり、新城の街の中に建てられた。今日、先に紹介したように、境内の半分は新城公園となっているが、残りの半分は天主教会となって利用されている。しかも、鳥居二基、燈籠八基、狛犬四体、本殿基壇等が部分的に改変されながら極めて良く残っている（写真44、45）。本殿部分は「聖母園」と命名され、本殿の基壇の上にはマリア像が建てられている。また、それを取り囲むように松の大木が育っている。マリア像がなければ、ほぼ完璧に神社の社殿といった雰囲気である。いずれにしても、日本人の常識的なキリスト教会の景観としては異様なものであった。

写真46　南洋群島ロタ島ソンソンに建てられたロタ神社跡地Ⓒ。旧本殿基壇の上にはキリスト像が祀られている。

写真47　同前、キリスト像Ⓒ。

台湾には、もう一つ、教会に改変されたものがある。花蓮港庁、鳳林郡馬太鞍に建てられた馬太鞍遥拝所跡地に建てられた光復教会である。現在、遺構・遺物は残っていなかったが、門に至る道は、旧参道である。

写真48　南洋群島テニアン島に南洋興発第２農場の関係者によって建てられた和泉神社跡Ⓒ。旧本殿基壇の上にキリスト像と聖人イシドル（農業守護聖人）像等が祀られている。

写真49　同前、キリスト像とスコップを持った農業守護聖人イシドル像等Ⓒ。

なお、この教会には、この地で布教活動にあたった、許南免牧師の記念館があるが、その入り口に掲げられた説明文の「序」には、日本統治下のキリスト教の迫害について、（第二次世界大戦の勃発とともに）「漸受日警厳密監視伝道不易毎於更深夜静聚集於曽王蘭宅査経学道信者惨遭窘遂或被拘捕禁錮者甚衆」、即ち「だんだん日本警察による厳しい監視を受け、伝道が難しくなった。そこで、信者達は夜遅く密かに曽王蘭宅に集まり活動を行ったが、ついに捕らえられ、多数のものが監獄につながれるなど、ひどい目にあった」とある。

次に、南洋群島の例である。まず、ロタ島の中心街ソンソンに一九三九年に建てられたロタ神社の例である。神社はマニラ高地が海岸に迫って、崖を成しているその下部、崖を背景として建てられた。現在、本殿基壇、拝殿の基壇部分、そこに至る階段部分が残っているが、本殿基壇の上には白い教祠が設けられ、キリスト像が祀られている（写真46、47）。

また、テニアン島マルボ市街の山裾に一九三九年に建てられた和泉神社（氏子区域マルボ市街並びに南洋興発株式会社の第二農場）跡地も同じくキリスト教祠となっている。現在、本殿の基壇とそれを取り巻く玉垣が残っているが、本殿部分には教祠が建てられ、三体のキリスト教関係像が祀られている（写真48、49）。また、本殿跡の周囲にはこの教祠の祭りに使われるいくつかの施設が建てられている。

教会・教祠ではないが、キリスト教墓地として利用されている例もある。サイパン島の南興神社跡地である。南興神社は

写真50　南洋群島サイパン島チャランカに建てられた南興神社跡地Ⓒ。キリスト教会の墓地の中に立つ鳥居。真っ白に塗られている。

写真51　同前、旧本殿基壇の上に小屋がしつらえられ、中に十字架に架けられたキリスト像が立つ。階段左脇にも苦悶するキリスト像が横たわっているⒸ。

一九三七年チャランカに建てられた。氏子区域が南洋興発株式会社社員及びチャランカ町一円とされているように、チャランカの町には、日本の南洋群島開発に巨大な役割を果たした南洋興発株式会社の本社があり（一九二三年～一九四二年）、製糖工場や燐鉱石工場、倉庫群、社宅群が立ち並んでいた、いわば企業城下町であった。南興神社の南興はこの南洋興発株式会社の名前をとったものであった。

この跡地には、鳥居（白く上塗りされている。写真50）、燈篭四基（二対、内一対は本殿基壇上、白く上塗りされている）、そして本殿基壇が残っているが、その上には白い小屋が設けられ、十字架に磔になったイエス像が祀られており、また基壇の前にも苦しみに耐え横たわるイエス像が置かれていて（写真51）、今日、境内地一体が教会墓地になっている。

なお、この南興神社の隣には製糖工場があったが、現在ここには大きな教会が建てられている。

次に、寺院となった例を紹介しておこう。台湾花蓮港庁花蓮郡壽庄豊田村に一九一五年に建てられた豊田神社跡地である。豊田村は一九一〇年代台湾総督府が造った移民村で、花蓮港庁にはこの豊田村の他に吉野村、林田村などが造られた。したがって、この神社は「内地人官営移民村の守護神として総督府において建立鎮座せし」ものであった。この神社跡には鳥居一基、燈籠四基（二対、写真52）、狛犬二体が残存しているが、今日碧蓮寺として利用されている。境内には松や楠の大木が育っている。

最後に、廟・小祠として利用されている例を紹介しておこう。台湾花蓮港庁の三つの社（祠）である。太巴望祠は一九三七年、鳳林郡太巴望に鎮座した社（祠）であるが、現在は協天宮となっており、一九三一年に玉里郡玉里街観音山に鎮座した観音山社は福徳祠という小祠になっていたが、いずれも神社の遺構・遺物は発見されなかった。もう一つの玉里街織羅に同年鎮座した織羅社は廟の建設中でブルドーザーによって整地がなされていた。

この他、個人の墓地として利用されている例は、台湾花蓮港庁鳳林郡瑞穂庄抜子に建てられた抜

写真 52　台湾花蓮港庁花蓮郡壽庄豊田村に建てられた豊田神社跡地、碧蓮寺の入り口に立つ燈籠。

写真 53　台湾花蓮港庁鳳林郡瑞穂庄抜子に建てられた抜子社跡地。個人の墓になっている。

子社（一九三三年鎮座）跡地である。ここの神社跡地は比較的神社の面影をよく残している。階段、燈籠四基（二対）、鳥居の柱穴四つ（二対）などが残っている。階段を上りきったところに個人の墓地があった（写真53）。また、朝鮮の和順郡の神祠は多く小高い丘や山林を切り開いて建てられたということを述べたが、その際風水も考慮され、日当たりや水はけが良いところに建てられた。そうしたこともあって、東面壮東里に一九三九年に建てられた東面神明神祠他一社の跡地が墓地として利用されている。

写真54　台湾花蓮港庁花蓮郡花蓮港街に建てられた花蓮港神社跡地。現在、花蓮県忠烈祠に改変されている。

写真55　台湾高雄州高雄市に建てられた高雄神社跡。今日、高雄市の忠烈祠に改変されている。社殿に上がる階段は、旧神社時代のもの。

［忠烈祠］

宗教施設といっても良いのだが、戦前の日本の靖国神社・護国神社と同様、いわば戦死者等の国家的祭祀施設として多く利用されているのが、台湾の神社跡地である。

台湾神宮を除いて、台湾に建てられた官国幣社、県社クラスの多くの神社跡地が、忠烈祠として利用されている。忠烈祠とは、清朝を倒し一九一二年の中華民国の建国に至る過程や以降の抗日戦争、さらには戦前・戦後の中国共産党との闘い（国共内戦）や、国民党政府が台湾に移ってからは、中国との金門・馬祖の戦争などにおいて戦死した兵士等を祀る施設である。

一九四〇年に日本の靖国神社・護国神社の制度に倣って、台北市に台湾護国神社が建てられたが、戦後は台湾の中心的な忠烈祠（台北）に改変された。筆者が見た限りでは、台湾護国神社の遺構・遺物は発見できなかった。

一九一五年に創立された花蓮港庁の中心的神社、花蓮港神社（一九二一年に県社）は、南に花蓮港市街、東に太平洋を望む小高い丘（米崙山）の中腹に建てられた神社であったが、今日、花蓮県忠烈祠となっている。ここでも、階段部分を除いてその他の神社遺構・遺物は見ることは出来なかった。この、花蓮港神社は川（米崙渓）に架かる吊り橋のある神社として有名であったが、今日はコンクリートの橋が架かっている（写真54）。

一九一二年に鎮座（打狗神社、一九二〇年に高雄神社と改称）した、高雄市の高雄神社（一九三二年に県社）も今日、高雄市の忠烈祠になっている。ここでは、燈籠（上部は改変）や階段、鳥居などが残っている（写真55）。

このほか、筆者が直接見た神社跡地で忠烈祠に改変された例として、桃園神社が桃園県忠烈祠となっている事は、すでに見た通りである。

写真56　台湾花蓮港庁花蓮郡蕃地タビト社に建てられた佐久間神社跡地。旧階段の上に文天祥像と正気歌の歌碑が建つ。

［銅像・記念碑・記念館など］

神社跡地に銅像や記念碑、記念館が建てられている例もある。

一九二三年に台湾、花蓮港庁花蓮郡の「蕃地」（先住民族の居住地）タビト社に建てられた佐久間神社は、今日、文天祥の銅像並びに「正気歌」の歌碑が建てられている。蕃地タビト社は、今日は天祥と呼ばれ、タロコ国立公園の中心地になっている。この地は、三〇〇〇メートルを超える中央山脈から太平洋に流れ込む立霧渓の激流が大理石の深い峡谷を造りあげており、かつてこの断崖絶壁の峡谷にタロコ族の部落（社）が、点点と存在していた。

日本の台湾植民地支配にとって、漢民族による抗日武装闘争とともに、山岳先住民族の抵抗にも大きな力を注がなければならなかった。この、山岳先住民族の「統治」に大きな役割を果たしたのが、「理蕃総督」といわれた、第五代台湾総督佐久間佐馬太（一九〇六～一九一五年）であった。佐久間は、険しい峡谷を利用して最後まで戦いを継続していたタロコ族を、自ら軍隊・警察を率いて、五年もの歳月をかけて、一九一四年にようやく制圧した。佐久間神社は、この作戦中に佐久間総督が重傷を負った「ゆかりの」地であり、後、タロコ警察行政の中心地となったこの地に、総督の名をとり、また総督を祭神として建てられた神社である。そういう意味では、日本（台湾総督府）の山岳先住民族支配のシンボル的存在であった。

今日、この神社跡には、長い階段や石組み等が残っているだけで（写真56）、その他の遺構・遺物は発見されなかった。そして、ここには石段の途中、旧拝殿あたりに文天祥の銅像が建てられ（写真57）、さらに上った旧本殿あたりに、彼が詠んだ「正気歌」の歌碑が建っている。文天祥は南宋末の宰相で元の支配と戦い、捕えられたが、最後まで漢民族の宋王朝への忠誠を曲げずに処刑された「忠臣」であり、彼が獄中で作った長詩「正気歌」は、この宋に忠誠を尽くす気持ちを歌った有名な歌である。ちなみにこの歌は日本においても、幕末の「勤皇の志士」藤田東湖や吉田松陰といった、幕末の「勤皇の志士」達にも大きな影響を与えたものである。国民党政府（中華民国）の漢民族の国家としての正当性をアピールする意図をもって建てられたものであろう（一九六〇年建立）。

写真57　同前、文天祥像。後方に巨大な「正気歌」の歌碑の一部が見える。

神社跡地が、社殿部分を中心に銅

写真 58　南洋群島サイパン支庁ロタ島に建てられた大山祇神社（マニラ神社）跡地Ⓒ。旧社殿前には 1973 年 9 月、ロタ島の政府関係者等による「平和記念碑建立委員会」の手によって、記念碑「平和の礎」（細見卓・書）が建立され、メモリアル・パークとなっている。

写真 59　台湾花蓮港庁下壽庄に建てられた壽社跡。中山公園に改変され、旧社殿跡には孫文像が立つ。

像・記念碑や記念館などに改変されて利用されている例は、もう一つ、南洋群島のサイパン支庁ロタ島に建てられた、大山祇神社（マニラ神社）である。大山祇神社はマニラ山（サバナ高地）の最高地を北側に少し下った平坦部に建てられたが（創立年不明）、ここは南洋興発株式会社の燐鉱山（一九三五年発見）があった所である。鉱山の神ということで大山祇命が祀られた。ロタ島が海底から隆起して出来た島である事を証明する、安山岩の双子岩（貝殻が多数付着）を背景に社殿と鳥居等が建てられていた。今日、社殿の基壇のみが残っているだけであるが、ここには、「平和の礎」（細見卓書。細見は大蔵省主税局長、財務官、海外経済協力基金総裁等を歴任した人）が建てられ、その前の境内部分は草地となり、また休憩所が建てられて、ピクニック地を兼ねた、メモリアル・パーク的なものになっている。したがって公園あるいは後で述べる観光施設としても位置づけられるものである（写真58）。

この、「平和の礎」は、一九七三年九月に建てられたもので、経緯を書いた石碑には「第二次大戦中ロタ島に於て戦没されたすべての方々の御霊を慰めるとともに、ロタ島の人々及び日本国民との友情と親愛を深め恒久平和を祈願して建立されたものである。一九七三年九月一六日　平和記念碑建立委員会　アントニオＣａ．アタリ　ロタ島政府　市長　プルデンシオT、マングローナ　ロタ島地区　行政官」とある。

この他、神社跡地全部が記念碑等になったのではないが、神社跡地が公園として整備された所では、その中の一部に、銅像等が建てられている。たとえば、先に見た、中山公園となっている、台湾の壽社跡には孫文の銅像が建てられているし（写真59）、朝鮮の龍頭山神社跡地の龍頭山公園には、秀吉の朝鮮出兵時（文禄の役）、朝鮮の水軍

写真 60　樺太の樺太神社跡地は勝利公園となっているが、その一角に立つ兵士の銅像（対日戦勝利）Ⓒ。

写真 61　朝鮮光州神社の社殿跡地に建つ慰霊碑（朝鮮戦争戦没兵士）Ⓒ。

を率い、亀甲船を考案して日本軍の補給路をかく乱した、朝鮮の英雄李舜臣の銅像が立っている。さらに、朝鮮神宮跡地の南山公園には一九〇九年、初代統監伊藤博文を射殺した、朝鮮の独立運動家安重根の記念館が建てられている。そのほか、今日、勝利公園に「改変」されている、樺太神社跡地には対日戦争勝利（第二次世界大戦）の兵士の銅像が建っているし（写真60）、光州公園となっている旧光州神社の本殿部分には、朝鮮戦争やその後のパルチザン闘争でなくなった兵士の慰霊塔が建てられている（写真61）。

［文化財・歴史遺産等］

以上の銅像・記念碑、記念館等に関連して、旧神社を日本の植民地支配の歴史的証人として、文化財・歴史遺産として保存されているものが、先に述べた朝鮮の小鹿島神社である。この神社の入り口には、当時の写真と共に、この神社の成立の由来が次のように書かれている（写真62）。

「神社／神社は日本皇室の祖先や日本人固有の信仰対象の人神、または国家に大きな功労を収めた人を神として祀ったお堂をいう。この神社は一九三五（ママ）年五月二八日第四代周防正季　在任当時建築した鉄筋コンクリート建築物として天照大神をまつり、参拝した。同様に病者地帯にも同じ時期に分社を建立し、毎月一日、一五日を神社参拝日として定め、患者たちに義務的に参拝させ、夫婦同居を許可する場合、夫婦病者に入舎させる前に神社参拝を強要させもした」。

また、実現されていないが、満州の建国忠霊廟も文化財として残そうという動きがあるのは先に述べた通りである。さらに、先に紹介した、忠烈祠として利用され、神社の遺構が木造の社殿を含めて最も残っている台湾の桃園県忠烈祠は説明の看板などはないが、この忠烈祠をめぐっては一九八〇年代半ばに解体か保存かをめぐって論争されたが造型の優美さの故にまた、日本の植民地支配の証左として新たな読み替えを行って、保存利用する事になったという経緯がある。

しかし、最初に見たように、海外神社はその痕跡を意外に多く留めているのだが、その遺跡が、日本の植民地支配の歴史的証人として積極的に利用されている例は意外に少ない。建物や遺構跡がそのように位置付けられて、その旨が明示されている例は、右に紹介した朝鮮の小鹿島神社と満州の建国神廟の二例だけである。建国神廟の例も紹介しておこう。

かつての満州国皇帝溥儀の皇宮（現偽満皇宮博物館）にある建国神廟跡（「建国神廟」遺址。建国神廟とは、天照大神を満州国の建国の元神として祀るた

写真62　朝鮮全羅南道高興郡に建てられた小鹿島神社跡地の入り口に立つ、解説看板Ⓒ。

写真63　満州国新京特別市に建てられた建国神廟跡に立つ説明板Ⓒ。中国語・英語・日本語で書かれている。

めに、一九四〇年に新京特別市に創建された神社）には次のような説明文が中国語、英語、日本語で書かれている（写真63）。

「建国神廟は日本式の木造の神社であり一九四〇年に建てられたものである。〈惟神の道〉を核心とした思想支配を強化するために、同年七月日本関東軍は溥儀を訪日させ、日本肇国の祖先とされる〈天照大神〉を偽満州国の〈建国元神〉して供えさらにそれを信仰し祭祀することを、東北人民に強制するよう意を授けた。一九四五年八月一一日夜、溥儀が皇宮を逃げ出した際に、関東軍の放火で焼かれ、今は礎石だけ残っている」。

また、神社跡地に、ここが神社の跡地であることを植民地支配の問題として間接的に記した記念碑や説明文があるのも、先に紹介した台湾の馬太鞍遥拝所や次章で紹介する高雄市忠烈祠、それに朝鮮の春陽面神明神祠だけである。朝鮮全羅南道和順郡の春陽面石亭里の春陽面神明神祠は面事務

写真64　朝鮮全羅南道和順郡春陽面石亭里に建てられた春陽面神明神祠跡地Ⓒ。一帯は公園に改変されているがその一角に立つ「抗日闘士石軒李公鎮南紀蹟碑」。神社破却の事が記されている。

写真65　遼源鉱工墓陳列館に展示されている、発掘された人骨Ⓒ。

所や学校などが集まる集落の北方の小高い丘に建てられたが、今日、その跡地は公園として整備され「詠楽亭」と名付けられた東屋も建てられている。この公園にはいくつかの石碑が建てられているが、その一つに「抗日闘士石軒李公鎮南紀蹟碑」（二〇〇三年建立）が建てられているが、その文中に「日帝が敗亡して祖国が光復した八月二十日下山即時清豊面建国委員会を組織秩序を回復して面内青壮年を動員神社堂を焼却倉庫保管糧穀を各里に分配して……」（ひらがな部分ハングル、写真64）と神社（神祠）の破却の事が記されている。

中華民国の青島神社も今日、広場部分は公園となっているが、その広場がかつて青島神社跡地であるという事を書いているだけである。

写真 66　陳列館には、中国人の精神的支配についてのコーナーが設けられているⒸ。

写真 67　同上のコーナーの西安神社の部分Ⓒ。

もっとも、満州国の西安神社は神社遺構の現場には、そうした植民地支配の問題を明示したものは見られないが、少し離れた工場（炭鉱）地帯に建てられている、「日偽統治時期遼源鉱工墓陳列館」には西安神社が中国人の精神を麻痺させるために建てられたものであることを、はっきりと明示している。この鉱工墓陳列館には、鉱山労働者として酷い待遇を受けて亡くなった、中国人の人骨が展示されている（写真65）。中国における大量の人骨展示としては南京や撫順の平頂山などと共に代表的なものであるが、この陳列館には「日本の植民地支配の罪状」というものも展示されている。その一角に「愚弄・精神摧残」と題して一〇余枚の写真が解説付きで掲げられたコーナーがあるが（写真66）、その中には、「日本帝国主義者強迫中国人毎天面対東京方向遥拝」と解説された、早朝、神社の境内で東方遥拝をする人々の写真などと共に、「日本軍国主義者在西安建立的神社」と解説された西安神社の写真が掲げられている（写真67）。

その他、中国審陽の〝九・一八〟歴史博物館には、「植民地支配の罪状」として建国神廟のコーナーがあり、写真が展示されている。また、この博物館に入ったとき最初に目にするのは、靖国神社に参拝する正装した兵士集団（日本軍）の巨大写真（戦前のもの）である。

写真68　関東州大連市に建てられた大連神社跡地。現在小学校の敷地となっている。

［教育施設］

神社跡地が学校や幼稚園として利用されている場合も多い。関東州の大連神社は大連市の南山に建てられた神社で、関東州・満州に建てられた神社（一九〇九年創立）としては、同市の転山屯に建てられた関水神社に次いで、二番目に早く建てられた神社である。

大連神社は一九四四年旅順市に官幣大社関東神宮が鎮座するまで（創立は一九三八年）、大連だけではなく関東州の中心的神社であった。境内地約三万坪、鳥居六基、本殿など社殿は一一もある官国幣社クラスの神社であった。今日、参道の一部を残すのみで、その他の神社の遺構・遺物は全くなく、小学校（解放小学校）の敷地となっている（写真68）。

写真69　樺太大泊支庁大泊郡大泊町に建てられた亜庭神社跡地Ⓒ。旧階段と鳥居台石、それに手水鉢（階段左、二本の樹の左側に見える）が残る。

満州の長春（後、新京特別市）敷島区に建てられた、長春（新京）神社は一九一五年に創立された長春の中心的神社である。前にも紹介したが、現在は幼稚園（長春市人民政府機関幼稚園）になっている。中に入る事はできなかったが、正面入り口の反対側の出入り口

写真70　同前、旧社殿跡地に建つ、船舶カレッジの建物Ⓒ。

写真 71　台南神社の外苑にあった事務所（休憩所か）、2008 年に改修され忠義国民小学校の図書館として利用されている。「原台南神社事務所」という看板とともに、由来を書いた案内板が設置されている。

写真 72　台南神社の外苑にあった、台南武徳殿。これも改修されて、現在は忠義国民小学校の禮堂として使用されている。

は、貫の部分を改竄された鳥居が利用されていた。また、拝殿部分等が一部改造されながら園舎として利用されている（写真８・９）。

樺太の亜庭神社は、一九一四年大泊支庁大泊郡大泊町に建てられた大泊支庁の中心的神社である（後、県社に）。今日、階段、手水鉢、鳥居の台石らしきものが残っているが（写真69）、階段を上りきったところは船舶カレッジのキャンパスになっている（写真70）。

また、台湾台南市の台南神社は、日清戦争の下関条約に基づき、近衛師団長として台湾接収に派遣され、抗日武装ゲリラと戦って台湾を軍事的にも「鎮定」しながらも、台南で病没した皇族北白川能久親王を祀る御遺跡所が、一九二三年に社殿を設けて同親王を祭神とする台南神社となったものである（創立年は一九二〇年、一九二五年には官幣中社に列格）。この台南神社の中心部分は現在、大駐車場（地下）に改変されている（地表部は公園）。しかし、その外苑部分にあった遺構が二つ、台南市の忠義国民小学校の施設として利用されている。一つは外苑内にあった事務所（休憩所と推定されている）で、現在は図書館として利用されている（写真71）。もう一つは台南武徳殿で現在は禮堂として利用されている（写真72）。また、台南神社にあった燈籠、狛犬などの一部は明延平郡王祠（旧開山神社）に移設されている。

この他、南洋群島のテニアン島全体の鎮守として、一九三四年にソンソン市に建てられた、天仁安神社は一九四四年七月の米軍の爆撃によって完全に破壊されたが、今日その跡地は学校（小、中合同）が建っており、遺構・遺物は発見できなかったが、敷地の一部に鳥居の柱らしき残骸が転がっていた。なお、学校の近くにタガ遺跡があり、その側に長野の遺骨収集団や岐阜県マリアナ会などによって慰霊碑が建てられているが、そこには天仁安神社の大燈籠の傘の部分や基礎の部分らしきものがある。

さらに、関東州の小野田神社（大連市泡崖屯、かつてセメント工場があった、一九二二年創立）、満州東満総省（旧間島省）で最も早く、日本総領事館前に建てられた間島神社（一九二五年創立、龍井街）の跡地も学校の敷地になっているが、遺構・遺物などは全く発見できなかった。また朝鮮の順天神社跡が児童福祉施設（順天聖信園）として利用されていることは、先に見た通りである。

写真 73　樺太豊栄支庁豊原市に建てられた樺太護国神社跡地Ⓒ。今日、ユジノ・サハリンスク市立病院が建てられている。

写真 74　同前、旧本拝殿の基壇Ⓒ。病院の最後方、裏庭のような恰好になっている。

［病院］

病院となっているのは、二つある。一つは、先に紹介した樺太の樺太護国神社跡地である。樺太護国神社の前身は、日露戦後の一九〇八年豊原神社の招魂祭に始まり、一九二五年に大正天皇の大礼記念事業として、同社の境内社として創建された樺太招魂社である。一九三五年、豊原旭丘の樺太神社の南隣に移転、一九三九年護国神社の制度が施行されるとともに、樺太護国神社と改称された。境内の敷地は六、〇〇〇坪、これに周囲の山をあわせると清浄閑雅な神域は三七、〇〇〇坪に及んだ。現在この境内地にはユジノ・サハリンスク市立病院が建っている（写真73）。病院は旧境内の階段を利用して、三段にわたって建てられ、最後方はウィルス棟になっている。本拝殿部分はちょうど病院の後庭の役割を果たし、病院関係者や患者の散策地になっている。現在、遺構・遺物としては、階段、本拝殿の基壇（写真74）、燈籠基壇等が残っており、また病院の右側の通路の並木の下には、燈籠基壇のようなものが残されており、「奉献／佐々木時造／昭和十年（不明）月」の文字が彫られていた。さらに、後方、譲成中の土地には燈籠の傘の部分と思われるものが、転がっていた。

もう一つは、関東州大連市霞町に建てられた沙河口神社である。一九一四年一〇月に創立され、大連神社に匹敵する規模をもった神社であった。大連神社は日本人住宅街にあったため、現地人にとってはやや近寄り難い雰囲気をもっていたためか、当時住んでいた現地人は大連神社よりこちらの沙河口神社の事をよく覚えている人が多かった。

日本時代に建てられた、沙河口駅前の大通りを南に、ロータリーが交差する北東の角が神社跡地であるが、今日、大連市口腔医院の大病院が建っている。門前に鳥居台石のようなものが残されている他は、神社の遺構・遺物は全く見つからなかった。

写真75　中華民国天津市に建てられた天津神社跡地。今日「八・一霊堂」が建っている。

［軍施設］

軍関係の施設になっているものとしては、まず台湾の花蓮港庁花蓮郡吉野庄に建てられた、吉野神社跡地がある。吉野神社は先程紹介した豊田神社と同じく、官営移民村に建てられた神社で、花蓮港庁下では最も早く、一九一二年に

写真76　関東州旅順に建てられた関東神宮の参道（旧神宮参道）、現在は白山街。この正面に社殿があったが、現在は海軍施設の正門となっている。

建てられた。

現在、神社跡地は、半分に仕切られ、半分は旧郡長宅、そして残り半分が兵舎として利用されている。境内地を画する石垣はほぼそのまま残り、その中に日本家屋も残されているが、その他の遺構・遺物は見つからなかった。

中華民国の天津日本租界、天津市福島街大和公園に建てられた天津神社は中華民国に建てられた神社としては、台東鎮神社（青島台東一路、一九一五年創立）について二番目に古い神社で、一九一五年に建てられた。現在、この地には「八・一霊堂」（八・一とは中国人民解放軍の建軍記念日、一九二七年八月一日の南昌起義を記念してのもの）が建てられているが（写真75）、神社の遺構・遺物は発見できなかった。

この他、中華民国の上海の日本租界（英米共同租界）江湾路に建てられた上海神社（一九三三年創立）は、その境内に、一九三二年の上海事変の戦死者を祀る招魂社も設けていたが、今日、軍関係のビル及び公園となっており、神社の遺構・遺物は全く見られない。また、関東州の旅順市に紀元二六〇〇年を記念して、「満州の地に官幣大社」を、のスローガンのもと一九三八年創立、日本の敗戦の前年の一九四四年一〇月に鎮座した官幣大社関東神宮跡地には、今日海軍の施設が建てられており、遺構・遺物は不明である。但し、参道（旧神宮参道）部分の痕跡（現白山街）は残っている（写真76）。さらに満州四平省（旧奉天省四平街）に一九一八年に建てられた四平街神社跡地も今日、軍関係施設となっている。

［その他］

以上、社殿が残っている場合はそれがどのように再利用されているのか、また全く残っていない場合はその神社跡地に営造物が建てられた例を、主な営造物毎に見て来たわけであるが、最後にその他の例を見ていこう。

まず、社殿の一部が今日残っているものから見ていく。朝鮮の全羅南道木浦府松島町に一九一六年に建てられた松島神社跡地には社務所や納屋などの建物、さらに階段や鳥居跡が残っ

写真 77　朝鮮全羅南道木浦府松島町に建てられた松島神社跡地Ⓒ。旧社務所前から見た旧境内。すぐ目の前あたりに社殿があったはずだが、今は家が密集して建っている。

写真 78　同前、旧社務所外観Ⓒ。左の建物が旧社務所である。現在は個人宅として利用されている。外観は改装が甚だしくかつての面影はない。

写真 79　樺太豊栄支庁豊原市の樺太神社跡地に建つ会社事務所Ⓒ。

写真 80　台湾台北市に建てられた台湾神宮（旧社殿）跡地。今日、圓山大飯店が建っている。

ており、社務所や納屋は個人の自宅として利用されている。境内全体にびっしりと個人住宅が密集して建てられ、細い路地が網の目のように走っている（写真77、78）。ここは、戦後すぐ、満州地域から引き揚げて来た朝鮮人の仮の住まいとして用意されたものであるが、そのまま住宅地として定着したものである。この他、本殿跡地部分は児童福祉施設（順天聖信園）が建てられ、旧社務所が個人の住宅として現存していると紹介した朝鮮の順天神社跡地は、実は戦後直後には、本殿跡地部分は、この松島神社跡地と同じ様に満州地域からの引揚者のための住宅地となっていたそうである。この二例は朝鮮の神社跡地の利用のされかたとしては、他の地域には見られない特色である。

また、これも、先に紹介した満州の西安神社も拝殿部分が一部手をいれられ、現存しているが、これは今日、遼源鉱務局再就職斡旋所として利用されている（写真12）。

以上が社殿が残っている場合であるが、次に、社殿は残っていないが、跡地に工作物が建てられている例を紹介しておこう。

すでに、公園になっている例で一部見て来たが、樺太神社の社殿跡地には、戦後すぐに共産党幹部のクラブハウスが建てられたが、今日では会社の事務所になっている（写真79）。また、中華民国の青島神社の本殿部分は青島有線電視台になっている。さらに、本殿跡地がジャングルの中に埋もれている例として紹介した、昭南島（シンガポール）の昭南神社の旧境内はゴルフ場の一角となっている。

写真 81　台湾神宮（新社殿）の遺構。地下奉斎施設（地下神殿）。

写真 82　樺太真岡町に建てられた真岡神社跡地Ⓒ。旧石段の上に建つ、サハリン郵船会社。

その他、一九〇〇年に創立、翌年鎮座した台湾の総鎮守、官幣大社台湾神社（台北市）は、先に見たように一九四四年六月、旧社殿の東側に新社殿を新築し、従来の北白川能久親王ならびに開拓三神に加えて、天照大神を合祀して台湾神宮と改称したが（新社殿）、その鎮座祭の直前の一〇月に飛行機が墜落、社殿の一部が炎上した。今日、神社跡地（旧社殿）には、台湾の代表的ホテル圓山大飯店が（写真80）、また新社殿跡地は圓山大飯店の分館（聯誼会交誼廳）が建っている。尚、ここには地下遺構（地下奉斎施設）等が残っている（写真81）。

樺太の豊原神社は樺太の中心、豊原市豊原町に建てられた。創立年は一九一〇年（後、県社に）で樺太において最も早い、官幣大社樺太神社と同年であるが、創建はそれより二年早い一九〇八年である。戦後、敷地跡には保育園が建てられたが、数年前より用途変更されて、現在は遺体検死所として使用されている。遺構・遺物としては、燈籠基壇らしきものと、鳥居の台石らしきものが、彩色されて（保育園時代に手が加えられたものか）残っている。

同じく、樺太の真岡神社（後、県社）は、豊原に次ぐ第二の都市、真岡支庁真岡郡真岡町の高台に一九一〇年に建てられた。一九四五年八月のソ連軍の激しい真岡上陸作戦で社殿は炎上したが、正面アプローチ部分の石段、燈籠基壇、手水鉢などが残っている。今日、サハリン郵船会社の社屋となっている（写真82）。

また、樺太の豊原市豊原町に一九二四年創立された北辰神社は、周囲が巾着状に川に取り囲まれる独特な境内地であったが、現在は五階建てのアパート団地になっており、神社の遺構・遺物はまったく見られなかった。

中華民国の北京神社は一九四〇年、北京特別市布貢院に北京六万人の居留日本人の鎮守として建てられた。中華民国には、北京神社創立以前に、これまで紹介した天津神社、青島神社、上海神社など二五の神社が創立されていたが、この北京神社は、天照大神・国魂大神・明治天皇を祭神とし、中華民国の模範となるべき神社として建てられたものであった。実際、蒙疆神社、南京神社などは、この北京神社を範として後に創られた。境内地は六、〇〇〇坪で、占領地なので社格は持たなかったが、官国幣社並みの待遇を受けた。現在、この地には、住宅・商店が密集して建っており、神社の遺構・遺物は不明である。

この他、個人の住宅地になっているのは、先ほど紹介した南洋神社、それに関東州の柳樹屯稲荷神社（一九一九年創立、大連湾会王家屯）の跡地である。また再建された、ペリリュウ神社の旧神社跡地は採石（ライムストーン）場となっており、中華民国で最も早い一九一五年に創立された、青島の台東鎮神社は今日商店街となってい

写真 83　満州国奉天省撫順附属地に建てられた撫順神社跡地Ⓒ。今日、公安局退職者用クラブハウスになっている。

写真 84　同前、クラブハウス脇に転がっている元鳥居の部材。Ⓒ

写真85　樺太真岡支庁野田郡野田町に建てられた（野田）稲荷神社跡地Ⓒ。現在牧草地になっている。手前、中央及び右側に旧燈籠の基壇らしきものがある。

る。満州の公主嶺神社（一九一九年創立、吉林省公主嶺街）は駅前ビル、奉天神社（一九一五年創立、奉天省奉天市）は体育館や八・一劇場に、撫順神社（一九〇九年創立、奉天省撫順附属地）は公安局退職者用クラブハウスとなっている（写真83、84）。

［農耕地・牧草地・山林］

以上に見た営造物ではなく、農耕地として利用されている神社跡地は、先に紹介した台湾の瑞穂祠（蜜柑・文旦畑）、それに樺太の大山祇神社（畑地、一九二一年創立、豊栄支庁豊原郡川上村）であり、牧草地として利用されているのが、樺太真岡支庁野田郡野田町の稲荷神社（創立年不明）跡地である（写真85）。また、本殿部分は荒地、雑木林となっているが広場の部分が農耕地となっているのは、朝鮮の全羅南道和順郡に建てられた清豊面神明神祠（水田、一九四〇年創立）、道岩面神明神祠（唐辛子畑、同年創立）、二西面神明神祠（桑畑、同年創立）であり、また植林されて杉林となっているのが北面神祠（一九四一年創立）である。

四　海外神社跡地の景観変容の五つの要因

以上、海外神社跡地の残存状況、海外神社跡地の現況・景観の変容について具体的に見て来た。日本の敗戦、「帝国」の崩壊により、機能を停止した海外神社の跡地が、今日、多様な景観をもって存在する事を確認出来たと思う。では、最後にそのような、多様な景観変容をもたらした要因はいったい何であったのであろうか、まだ、仮説の段階であるが、この事を考えてみたい。

［政治的要因］

まず、第一に、海外神社の残存状況、跡地の現況・景観変容の多様性を考える場合、戦前日本の植民地や占領地となった地域（勢力圏）が、大日本「帝国」の崩壊後、どのような国家体制をとったのか、具体的には社会主義国家になったかどうかであり、また社会主義国家にならない場合でも、戦後から今日に至る、その国家と日本の関係、これには、日本の植民地支配の総括、戦争責任などの、いわゆる「歴史問題」の存在や、領土問題の存在なども含まれるが、総じてこれら政治的要因が作用しているという事である。

例えば、神社が再建された例が、いずれもかつて日本が国際連盟の委任統治領として、支配下に治めた南洋群島の神社であったことである。今日、再建された六つの神社（本書では踏査した五つの神社）がある島（サイパン島とパラオ島・ペリリュウ島・アンガウル島）は、戦後、アメリカの信託統治領になったが、一九七六年にサイパン、テニアン、ロタ島などの一群が北マリアナ諸島連邦を結成、アメリカの自治領となった。また、一九八一年には、パラオ、ペリリュウ、アンガウルを一群として、自治政府パラオ共和国が成立した（一九九四年に完全独立）。そして、日本は両国に対し、一九七〇年代から主要経済援助国となり、一九九七年には両国を含む第一回「太平洋島サミット」を、日本の主導で開催して以降、三年に一回、今日まで計六回（二〇一二年）日本で開催している。こうしたことから、この両国は、パラオ共和国を筆頭に、親日意識の強い国（地域）とされている。本書で見た両国にある、再建された五つの神社の内、最も早い例が、一九八一年の彩帆八幡神社（サイパン島）であり、他もいずれも一九八〇年以降に再建されているという背景には、こうした政治的背景が横たわっているのである。

いわば、日本の植民地時代の遺物ともいうべき、神社の再建などは、社会主義国家体制をとっている、満州や中華民国（現中華人民共和国、以下、中国と表記）、あるいは樺太（現ロシア。一九九〇年まで社会主義のソ連邦の支配下にあった）といった地域では、宗教政策とも絡んで不可能な事であった。

また、「歴史問題」を抱えている、朝鮮（現韓国）、中国でも不可能な事であった。結局、南洋群島の地域で神社の再建が可能であったのは、「帝国」崩壊後、その地に作られた国家が社会主義国ではなく、また「歴史問題」等を表だって抱えておらず、日本国との関係が「良好」な国家であったから可能な事であった。

また、台湾において、例えば桃園神社が忠烈祠に改変されたとはいえ、旧社殿がそのまま残っていたり、あるいは同じく教会に改変されたとはいえ多くの遺跡・遺物を残していた新城社、さらには個人の所有になっている玉里社を始め、台湾の神社跡地に多くの遺構・遺物が残されているのも、一九七二年の日中国交回復まで、日本が戦後、台湾の中華民国政府を、中国の唯一の正統政府としていたという事に見られる、日本と台湾の「友好」な国家関係がその背景にあったのかもしれない。以上見たように、海外神社跡地の景観変容の多様さの要因として、まずこの「政治的要因」が横たわっているのである。

［社会の変容］

第二に、海外神社跡地の現況、その景観変容の多様性は、神社跡地の属する国家や地域、或いは日本国の社会の変容にも関係があると言う事である。例えば、境内が公園になり、また本殿部分が有線電視台になっている事を紹介した、中華民国の青島に建てられた青島神社の社殿は、実は、日本の敗戦後、一時期、壊されずに中華民国の忠烈祠に改変されていた。しかし中華民国政府が国共内戦に敗れ、青島が中華人民共和国の支配に入ってからは、さらに改変され実業学校となった。ここまでは、第一の国家体制の転換、政治的要因に関わるのであるが、大事なことは、そうした、国家体制の転換があったにもかかわらず、この段階でも社殿は残っていたということである。そして、この社殿部分が撤去されたのは、実は一九六〇年代後半の文化大革命の時期であったのである。この時期、中国の多くの廟や寺院が破壊されたが、青島神社の社殿が破壊されたのもこの時であった。中国の神社跡地の景観変容を考える場合、この文化大革命の影響は大きかったのではないかと、推測している。但し、この文化大革命の影響も地域によってかなり差があるのも事実である。中国東北部（満州）の場合、まだ事例が少ないが、文化大革命期を生き延びて社殿が残った例がかなりある。建国忠霊廟、新京神社、西安神社がそうである。また、公主嶺神社（一九〇九年、吉林省公主嶺街）はかつて駅近くの公園の中に建てられていたが、現在、公園部分も含めて、駅前商業ビルとなって跡形もない。しかし、一九九九年まで、公園が存在し、社殿部分も公園管理事務所として転用され残っていたとのことである。さらに、先に紹介した撫順神社も社殿は一時放置されていたが、一九五〇年代から公安局の事務所となり、また拘置所としても利用されていて、社殿が壊されたのは、公安局が引越しした一九八〇年頃だとの事であった。鉄嶺神社（一九一五年、奉天省鉄嶺街）も同じ様な運命を辿っている。中国の建国後、解放軍の被服廠として利用され、後、鉄道局の家族のアパートに転用された。この建物が鳥居とともに壊されたのは一九八八年一〇月頃だということであった。

また、同じく中国東北部（満州）の開原神社（一九一五年、四平省開原神明街）やこれも先に紹介した四平街神社も戦後すぐ、中国人によって金目のものや一部の部材が持ち去られ、建物の外廓だけがそのまま放置されていたが、それも文化大革命前に自然に朽ちていったとの事で、文化大革命期に壊されたのではないということであった。

文化大革命と中国の神社跡地の景観変容の関係についてはもう少し慎重に見ていく必要があろう。

また、台湾において、一九四五年の日本の敗北によって、中華民国政府の支配下になるのであるが、二年後に起きた、台湾住民（本省人）と中華民国政府側（外省人）との衝突、いわゆる二・二八事件の際、筆者が直接調査したものではないが、聞き取りによると台中公園（台中神社跡地）の大鳥居が中華民国政府の軍隊の手によって引き倒されたり、また、台中の清水神社の社殿は、二・二八事件の際、住民が立て籠もったため、軍隊によって破壊されたとの事である。

このように、同じ国家、政治体制のなかでも、「文化大革命」や「二・二八事件」といった、その時々の事件・社会状況によって、神社跡地・社殿跡地の景観が変化しているのである。

また、南洋群島の五つの神社が再建された問題にしても、第一に述べた「政治的」理由とともに、日本側の社会の変化というものも関わっていた。南洋群島の神社が再建される背景には勿論、それを推進した日本人慰霊団や清流社、一部神社関係者などの願い、思惑があるのだが、受け入れる側の現地政府の積極的理由として、日本人観光客（戦没者遺骨収集団や慰霊団、さらには戦前この地に大勢移住していた沖縄の関係者を含む）の積極的誘致という問題があった。

彩帆香取神社の再建にあたっては、日本の香取神宮連合会とともに、サイパンの観光局が一役買っていた事、またテニアン島において、旧神社跡地の草刈を月二回行っているのは、観光局の職員であった事。さらに、同島のＮＫＫ神社跡地には、英語と日本語の解説板が建てられていた事、日之出神社跡地が、鳥居や燈籠を中心として公園化されていた等の事は既に見た通りである。この他、パラオ島で、南洋神社の再建運動に関わった現地の人からの聞き取りでも、こちらからの質問でもなかったにもかかわらず、再建運動をしている日本の人たちが、「特別」（民族派）の思想を持った人たちである事を率直に語ってくれた。でも、それでも、神社の再建によって、その人たちを含めて、観光客が増える事の必要性を語っていた。特別に大きな産業を持たないこの地域の人々にとって観光収入は国家財政の大きな部分を占めているのである。

ところで、ここが大事な点であるが、こうした、日本人の観光客の積極的誘致が可能であったのも、一九八〇年代以降の日本経済の経済的発展、「ジャパン・アズ・ナンバーワン」と言われた時代の日本社会のいわゆる国際化、海外旅行客・出国者の急増という、日本社会の大きな変化という事があって、初めて可能であったという事である。

以上見たように海外神社跡地の多様な変容の第二の要因として、現地及び日本における、政治的、あるいは経済的な社会の変容という問題があったのである。

［経済発展の度合い］

第三に、右の「社会の変容」とも関連するが、海外神社が建てられた当該国や地域における経済発展の度合い、というものが神社跡地の現況、景観変容に影響を与えているという事である。

例えば、台湾の場合、比較的、神社遺構・遺物が多く残っていたのは、筆者が集中的に調査した地域が（二七社中、二一社）、台湾東部の旧花蓮港庁（現花蓮県）下であった事に影響されているのかも知れない。周知の如く、花蓮県を含む台湾東部は、漢民族の多い西部（大陸側）と異なり、アミ族を中心として先住民族の多い地域であり、西部に比較して開発の遅れている地域である。

こうした事は、南洋群島の神社の遺構・遺物が良く残っているという事とも関連する。たとえば、南洋の神社はテニアン島に代表されるように、島の中心地に建てられた神社を除けば、多くは南洋興発株式会社が砂糖黍栽培の為に作った農場・村毎に（日本人のために）建てられた。しかし、敗戦後は日本人（多くは沖縄からの移住者）は引き揚げ、これらの地の多くは放置され、開発されなかったため、テニアン島のように連邦政府の手によって草刈が行われている場合は草地として、そうで無い場合はジャングルの中に埋もれてしまい、結果として遺構・遺物がたくさん残っているという状況があるのである。

また、樺太（現サハリン）も全体としては、開発の遅れた地域である。泊居神社は、鳥居、本殿基壇、燈籠基壇、記念碑、忠魂碑と、神社の遺構・遺物がほぼ全部揃って残っている例としたが、そこでも指摘した如く、この地は泊居の街を見渡し、さらに海を見晴らす事の出来る、絶好のロケーションにある。現在、草地のまま放置されているわけだが、もしも、この泊居の地の「開発」が進められ、人口が急増し、都市としての整備が必須になっていたならば、ここは当然、公園として整備されて然る可き地である。しかし、ソ連邦時代でも開発が進められなかった樺太の地域は、特にペレストロイカ政策の展開、そしてソ連邦の崩壊という「自由主義経済」の進展の中で、一部の地域を除いて、ますます経済的困難が増しているようである。この、泊居の地は、漁業の他に王子製紙の工場街として発展した街である。この高台にある神社の真下には広大な旧王子製紙の工場が立地している。そしてそれはソ連邦下でも製紙工場として稼動していたが、ペレストロイカ政策の中で操業を停止し、今日では、泊居に電力を供給する火力発電所として、細々と稼動している状況であった。こうした、泊居の経済発展の度合いの低さが結果として、多くの神社遺構・遺物をそのまま残しているのである。

このように、一般に経済的発展が遅れた地域、取り残された地域に多くの神社遺構が残っているように思う。

また、一つの神社跡地に焦点をあてて見ても、例えば神社の木造建築物を含めて、そっくりそのまま利用している、台湾の桃園県忠烈祠（桃園神社跡地）、これが、そのような形になっているのは戦後（光復後）すぐには、新しく忠烈祠を作り変える経済的余裕がない中で、それを転用したまでと考える事もできる。

事実、先に紹介した高雄市忠烈祠の「高雄市忠烈祠重建記」（一九七八年）には、

「（前略）光復初期本市百廃待興市政当局緬懐先烈締造民国之艱難與夫抗敵将士殉国之壮烈乃就日人神社因陋就簡稍事修葺権作奉祀英霊之所並蒙総統　蒋公題頒忠烈永昭扁額用資衿式惟斯祠乃敵之

遺物改建深為各界詬病民国六十二年二月玉雲膺選第七届市長為加強民族精神教育乃策劃重建経費徴求鑑圖於次年七月破土動工歴時一年又七閲月始告落成（後略）」とある。

即ち、光復（戦後）直後は、諸事多難で民国建設に尽くした人々や抗日戦争の英霊は日本の古い神社（高雄神社）を少し修繕して（忠烈祠として）祀らざるを得なかった。しかし、この忠烈祠は敵（日本の）の遺物（高雄神社）を改築したものであり、各界から（中華民国の）忠烈祠として相応しくないという批判を受けた。そこで、一九七三年に玉雲膺が高雄市長に当選した際に民族精神を高揚させるために、再建を企画、一年七ヶ月後に竣工された、という事が記されている。即ち、一九七三年段階で再建に着手した、出来たという背景には、明示していないが、当然、台湾における戦後の復興、経済発展というものが前提にあったのである。

また、そもそも、桃園忠烈祠も先に見たように、一九八〇年代後半に、日本の神社社殿をそのまま利用していることが問題となり、取り壊して新しく忠烈祠を造りかえるのかどうか、その事が問題になった。ここでも、台湾の経済的発展の中で、その余裕が出てきて初めて、そのことが浮上してきたのである。しかし、結局、その建築様式の価値が認められ、又日本の植民地支配の遺物、歴史的証人として、新たに読み替えられ、新たな価値を付与される事で、そのまま残されることになった。このように、光復直後には、植民地支配の問題、イデオロギーや理念の問題よりも、社殿の建物としての経済的価値が優先され、社殿がそのまま利用されたが、経済発展を遂げる中で、初めて、あるいはようやく理念の問題が前面に出、問われるようになったのである。韓国において、景福宮内に建てられ、光復後も利用されてきた朝鮮総督府の建物が、一九九五年に撤去された問題と同じ問題である。

先に、文化大革命と神社跡地の景観変容について触れた時、少なくとも私たちが調査した限りにおいてであるが、満州（中国東北部）の神社跡が文化大革命の影響を受けた様子が見られなかったのも、満州（中国東北部）地域が全体として、中国の中にあっては経済発展の遅れた地域であったということ、したがって文化大革命期においてもイデオロギーによる施設の破壊より社殿の経済的価値が優先され、その利用が優先された結果であるということを示しているのかもしれない。

また、この経済的発展の問題と関連して都市部、街の中の平地に建てられた神社は、台湾の新城社のように教会に改変され、その遺構・遺物が良く残っている例もあるが、多くは開発が進められた結果、公園として整備されたり、また大きな建物・ビルが建てられたりして、区画はなんとなく残されているが、神社の遺構・遺物はほとんど残っていない（満州の吉林神社、関東州の沙河口神社、中国の北京神社、天津神社跡等）し、そもそもその区画も変容をうけ、位置さえ確定できないものもある（中華民国青島の台東鎮神社跡）。満州の満鉄附属地に建てられた神社（満鉄附属地神社）も同様である。満鉄附属地の多くは駅を中心とする平地に位置しているが、附属地神社は多く公園内にまた公園に接して建てられた。先に述べた社殿が残っている新京神社は別として、市街地の発展と共に体育館（奉天神社）、市役所（開原神社）、駅前の商業ビル（公主嶺神社）、軍関係施設（四平街神社）に改変され、神社の遺構・遺物は全く残っていない。また、鉄嶺神社は公園部分はきれいに整備されて残されているが、ここにも神社の痕跡は全く残っていない。このように海外神社跡地の景観変容の多様性の要因の三つ目として、その国・地域の経済発展の度合い及び同じ国・地域にあっても建てられた位置（場所）の問題が横たわっているのである。

［文化伝統］

第四に、海外神社跡地の景観変容の多様性は、その国・地域の文化伝統の違いと関連しているということである。

南洋群島ロタ島のロタ神社やテニアン島の和泉神社が教会祠に改変され、また、教会ではないが、サイパン島の南興神社がキリスト教会の墓地に改変されていた。これなどは、南洋群島が日本の委任統治領になる以前、四〇〇年にもわたるスペイン支配、その後のドイツの支配の中で形成されてきたキリスト教（カソリック）文化の浸透・定着、そして戦後のアメリカによる支配がその背景にある。

また、台湾でかなりの神社が忠烈祠となっていた。忠烈祠の思想は、日本の靖国神社・護国神社と同じく、勿論、近代の国民国家による国民統合という新たな思想であるが、それにしても、人を神として祀る文化伝統の存在も見逃せない。また、神社の社殿がそれに利用されるということも、国、地域によって細かな部分での違いはあるものの、全体として見た場合の、日本、台湾、中国の廟、寺院、神社の社殿建築（燈籠や狛犬や鳥居も含む）の類似性という事も横たわっていよう。とくにこの点で、満州の建国忠霊廟がそのまま残されている点について、その建築様式が日本の神社様式そのままではなく、中国風様式を加味した社殿であった事も関係しているかもしれない。

〔支配交替の〈刻印〉〕

最後に、神社跡地の景観変容の多様性の要因の五点目として、以上の四点と少し次元を異にするが、支配・勢力が交代した事の「刻印」という点にふれておこう。神社跡地に教会や寺院、廟、或いは忠烈祠、さらには記念碑や記念館、銅像等が建てられたという問題である。

世界史的にも見た場合、かつての支配者の宗教施設であったものを完全に破壊せず、むしろその痕跡を残しながら、その場所に新しい支配者の宗教施設を造るというのが、宗教勢力交代の一つのパターンであるということである。徹底的に破壊し、その痕跡を完全に消してしまったり、全く別の所に新しい支配的宗教施設を造るより、その方が宗教勢力交代の印象を強く民衆に焼き付け、「刻印」し、かつての支配的宗教に対するダメージになるということである。

インドの宗教紛争の発火源である、北インドのヒンズー教の聖地アヨディアにあるモスク（イスラム礼拝所。このモスクは一六世紀のはじめムガール帝国の初代皇帝がヒンズー教徒を辱めるためにヒンズー寺院を壊し、その上に建てたとされている）の破壊（一九九二年）とヒンズー寺院再建問題の例や、スペインのコルドバ観光の目玉商品であるメスキータというモスク（イスラム礼拝堂）を持つ「コルドバの聖マリア教会」などの例がそれであるが、一九六六年に台湾の神社跡に建てられた忠烈祠を訪問した日本の神職たちが、「形骸は殆んど昔ながらの姿をとどめながら」（この時点では、筆者が調査した一九九〇年代以降よりも、神社跡地には、もっと多くの木造建築物を含む神社の遺構・遺物が残されていた）、忠烈祠という「全く内容的に変質された神社跡地に立ったとき」、「一種名状しがたい惨たる感慨が胸にこみあげて」、「ひそかな憤りを覚えた」。そして、点々として残っている鳥居や燈籠や狛犬などは「いっそこれらも除去してくれればよいのに、という気持ちになった」と述べている事と符号する事である（中島「台湾の神社跡を訪ねて」）。

また、景観変容の四類型の一つ、「復活」した例で紹介したように開山神社が敗戦後、「明延平郡王祠」として復活した際、旧鳥居をそっくり破壊するのではなく、その鳥居を利用・改変して石塔を作り、国民党章を載せたこと、また最上部・笠木の部分も別の場所に遺していることなども、この例にあたるであろう。

こうした、支配的宗教の交代の「刻印」という点では、第一の政治の問題と絡むが、神社跡地が公園として整備あるいは再整備された場合、公園の名称や公園の造作物に植民地支配の打破を、あるいは新しい国家の成立を印象付ける（この中にはいわゆる「伝統の創造」も含む）名称が付けられ、造作物が建てられる。台湾の神社跡地で、壽社が中山公園として利用され、孫文（孫中山）の銅像が建てられている事を紹介したが、台湾において神社跡地が中山公園として利用されている例は他にも多くみられる。樺太神社跡地が勝利公園として整備され、兵士の銅像が建てられているのも、また、名称はその事を意味していないが、公園の造作物として、南山公園（朝鮮神宮跡地）に安重根の記念館や韓国の龍頭山公園（龍頭山神社跡地）に李舜臣の銅像が建てられていることなどは、同じ意味合いを持つものであろう。

もっとも、近代の国民国家における公園は一般的に国民統合的な機能を持っており、神社跡地だけがそのようになったわけではないが、神社跡地における、そのような改変は、日本の支配の終了と新しい国家の誕生したことを人々に、より強く「刻印」する上で大きな役割を果したであろう。

ただ、ここでこうした支配の刻印とは違った意味合いを持つ、神社跡地の景観変容が見られつつあることも、紹介しておかなくてはならない。先に「経済発展の度合い」のところで、台湾の神社跡地に関し、光復直後はイデオロギーより社殿の経済的価値が優先されて、破壊されずに忠烈祠として利用されたが、経済的発展と共に、新しく創りかえられるか（高雄市忠烈祠）、歴史遺産、歴史の負の証人として新たな意味づけをされることによって、そのまま存続した（桃園県忠烈祠）ことを紹介したが、当該国や当該地域の経済発展がより進み、社会がより成熟すると、こうした道とはまた異なるもう一つの道が現れつつあるように思う。旧社殿を存続させる場合でも、負の遺産、負の歴史の証人という側面を前面に出さず、ただ時の流れの長さに価値をおいた歴史的文物、独特の建築様式を持つ文化財として位置づけ社殿を保存・利用するという道である。台湾の台南神社の公園管理事務所が忠義国民小学校の図書館として利用されている事を紹介したが、その看板「市定古蹟台南神社事務所修復紀要」には、この建物は「因建築典雅又具時空背景意義」があるのでこれを保存するために、二〇〇四年（民国九三）に台南市政府の「市定古蹟」に指定したとある。「具時空背景意義」は負の遺産的な解釈も入り込む余地はあるが、神社関係施設の建物を「典雅」として、そうした歴史的文脈から切り離した評価をしていることに注目される。もっとも、台湾においてはこうした評価は特別なことではないとも思われるが、筆者がこの視点を強く意識し始めたのは中国南京市の南京神社跡地に残された拝殿、社務所等の位置づけを見てからであった。

先に見たように、拝殿部分は建設会社の事務所として、そして社務所部分は「老同士之家」として、また体育館として利用されているのであるが、ここには南京人民政府により看板が「南京重要近現代建築」の「五台山一号建築―1」（旧拝殿）と「同2」（旧社務所）と、それぞれ掲げられている。そして、その本文には「該処両憧建築原為日本神社、建于一九三《（ママ）》九年、磚木結構、柱附式台基、方形外廊下、歇山頂、是南京城内保存的一処抗戦時期的日式和風建築」とある。「抗戦時期的」とあるので、歴史の負の遺産としての側面の表示はなきにしもあらずだが、力点は「磚（れんが＝筆者注）木結構、柱附式台基、方形外廊下、歇山頂（入母屋造＝同前）」の一九三〇年代後半から一九四五年までの時期の「日式和風建築」というところにあり、その意味で、「南京重要近現代建築」に指定されていると判断すべきであろう。この看板が掲げられたのは両方とも二〇一〇年九月（なお、古い看板「南京市文物保存単位―五台山一号建築―一九九二年三月」は本文部分はなく、新しい看板の下方に取りはずされ、狛犬の後ろに隠れるように置かれている）である。また旧社務所、即ち「五台山一号建築―2」にはもう一つの看板が埋め込まれている。「江蘇省文物保護単位

―日本神社旧址―江蘇省人民政府二〇一一年一二月公布―南京市人民政府」。南京と言えば「南京大虐殺記念館」を持つ市である。その市で、また南京攻防戦の激戦地の一つである五台山に建てられた南京神社（南京護国神社も同時に建てられた）の遺構が、二〇一〇年前後にこのように負の遺産から切り離されて、あるいは、その側面は薄められて、南京における重要な近現代建築の一つ（独特な建築様式を持つ文化遺産）として評価されていることは注目しなければならないことであろう。大日本「帝国」の支配下にあった地域や国々において、一定の時が流れ、経済的な発展を遂げ、さらに成熟した社会になるにつれ、「歴史的問題」は「歴史的問題」として残しつつも、全てをそれに還元するのではなく、独自の価値（独特の建築様式をもつ文化財としての価値）を見出す動きである。

以上、海外神社跡地の現況、景観変容の多様性の要因、あるいはそこに横たわっている共通性といったものを、五点にわたって指摘してきたが、実際は、これらの五点の内のいくつかが、相互に絡み合って増幅しあい、また消しあって、今日の神社跡地の景観を形作っているのである。

本稿で紹介した神社跡地の現況とは、あくまでも筆者の調査時点での現況である。調査年で最も早い例は、一九九〇年であり、また本格的に始めたのも一九九二年といずれも二〇年以上も前のものである。その調査時点での現況、景観は、今日、二〇一二年段階ではもう、異なっているものになっているかも知れない。また、これからも、変化していくであろう。例えば、二〇〇一年に朝鮮神宮跡地（現南山公園）を調査した折には、かつての本殿部分には、温室（植物園）が建てられていたが、現在では、それは取り壊されて更地となっている。しかしながら、その異なり、あるいは変化も、上に述べたような五つの要因が相互に絡み合って変化したもの、あるいは変化して行くものであるという事だけは言えるのではないかと考えている。

そして、その意味において、日本帝国が崩壊した後の海外神社跡地の景観の変容は、たんに日本帝国支配下の歴史の残滓、残映というよりも、当該国・地域の様々な「現在《いま》」を映しだすものとなっているのである。

おわりに

以上、神社跡地の現況、景観変容の要因について、これまで筆者が訪れた一〇九の神社跡地を素材に検討してきた。最初に述べたように、一、六〇〇余の神社跡地の内の約七パーセントというサンプル数の少なさ、とりわけ、旧台湾や旧朝鮮或いは旧満州、旧樺太のように多くの神社が建てられた地域については、この程度のサンプル数、また調査地域の偏りのままで結論を出すのは慎重であらねばならぬが、一応、海外神社跡地の景観の変容の「四類型」、また、その景観変容の要因として「五つの要因」を仮説として提出させていただいた。そして、そのことにより、海外神社跡地の研究が、過去（戦前）の事実を知る、あるいはその残映を見るということに止まらず、何よりも、その国、その地域の「現在《いま》」を知る、「現在《いま》」を見ることになるということをあきらかにしてきたつもりである。本書がきっかけになって今後多くの研究者によって、とりわけ現地の研究者によって、この神社跡地の研究が進展する事を期待する。

［謝辞］

本書出版にあたり、筆者の個人研究の段階、COE調査の段階でそれぞれ国内外の多くの方にお世話になった。これらについては、その都度の報告書で記させていただいたので、ここでは略させていただく。ただ、COE終了後の個人調査、特に台湾における調査では、史料の提供をはじめ、国立台湾師範大学の蔡錦堂先生に大変お世話になった。厚く謝意を表する次第である。さらに、本書のもとになった直接の研究は中島三千男・津田良樹・冨井正憲「〈海外神社〉跡地に見る景観の変容とその要因」（神奈川大学二一世紀COEプログラム研究推進会議『環境に刻印された人間活動及び災害の痕跡解読』二〇〇七年一二月）であるが、もともと海外神社研究の跡地研究は中島が一九九〇年から始めていた研究であること、また、本書の基本的なシェーマはすでに中島三千男「〈海外神社〉跡地に見る景観の変容」（神奈川大学二一世紀COEプログラム研究推進会議『環境と景観の資料化と体系化にむけて』二〇〇四年一二月）で打ち出していたものであったこともあり、今回は筆者の単著として出させていただいた。津田良樹、冨井正憲の両氏には厚く御礼申し上げる。

また、筆者が海外神社の研究、その跡地の研究を始めて以降、多くの研究者、関係者から、たくさんの情報・資料・写真をいただいた。しかし、本書が分析の対象とした一〇九社は、全て筆者自身が足を運び、自身の眼で確認したものに限らせていただいた。それら、いただいた諸資料等は次に予定している本格的な著作に譲らせていただく。

さらに本書の中国語資料の日本語訳については、神奈川大学特別招聘教授の馬興国先生に、また写真・図表等の編集・校正にあたっては、神奈川大学大学院歴史民俗資料学研究科博士後期課程の渡辺奈津子氏にお世話になった。記して謝意を表する次第である。

尚、本書に掲載した写真は書物からの転載を除き、筆者自身が個人調査等で撮影したものと、COEの共同調査活動の中で撮影したものの二種類ある。後者のものについては、写真の解説部分にⒸと付した。

最後に一言。筆者は現在、学長職を務めている。学長職にあるものは、個人研究は原則「禁欲」しなければならないのであるが、COEの分担研究者の一員として、またとりわけ担当副学長として「COE拠点形成委員会」委員長としての任に当たった経緯からも、この「神奈川大学二一世紀COE研究成果叢書」はいわば、学長職の「義務的仕事」として取り組まざるを得なかった。さらに、COEプログラムの拠点リーダー・事業推進責任者であり、本叢書の企画者でもある福田アジオ氏からも強いお勧めをいただいた。しかしながら、本来の学長職の合間を縫っての原稿入れ、校正であったため、何度も朱入れを繰り返し、御茶の水書房、ならびに編集の黒川恵子氏には大変なご迷惑をかけた。ここに「叢書」の最後として、本書を出す事が出来たのも、全く黒川氏の叱咤激励のおかげである。心より感謝申し上げる次第である。

参考文献

【海外神社そのものについて主なもの】

小笠原省三『海外の神社　並にブラジル在住同胞の教育と宗教』（神道評論社、一九三三年、復刻版、ゆまに書房、二〇〇五年）
小山文雄『神社と朝鮮』（朝鮮佛教社、一九三四年）
岩下伝四郎『大陸神社大観』（大陸神道連盟、一九四一年、復刻版、ゆまに書房、二〇〇五年）
近藤喜博『海外神社の史的研究』（明生堂書店、一九四三年、復刻版、大空社『アジア学叢書一〇』、一九九六年）
小笠原省三『海外神社史　上巻』（海外神社史編纂会、一九五三年、復刻版、ゆまに書房、一九九四年）
神社本庁『神社本庁十年史』（一九五六年）
岡田米夫「神宮・神社創建史」（神道文化会『明治維新神道百年史』第二巻、一九六六年）
中濃教篤『近代日本の宗教と政治』（アポロン社、一九六八年）
中濃教篤『天皇制国家と植民地伝道』（国書刊行会、一九七六年）
神社新報社『近代神社神道史』（一九七六年）
井上順孝『海を渡った日本宗教—移民社会の内と外—』（弘文堂、一九八五年）
『大連神社八十年史』（大連神社八十年祭奉賛会、一九八七年）
葦津珍彦著・坂本是丸註『国家神道とは何だったのか』（神社新報社、一九八七年）
韓晳曦『日本の朝鮮支配と宗教政策』（未來社、一九八八年）
陳玲蓉『日據時期神道統制下の臺灣宗教政策』（自立晩報社、一九九二年）

高木博志「官幣大社札幌神社と〈拓殖〉の神学」（『地方史研究』二四五号、一九九三年一〇月）
蔡錦堂『日本帝国主義下台湾の宗教政策』（同成社、一九九四年）
新田光子『大連神社史—ある海外神社の社会史—』（おうふう、一九九七年）
嵯峨井建『満州の神社興亡史』（芙蓉書房出版、一九九八年）
前田孝和「樺太の神社」（『北海道神社庁誌』同編輯委員会編、一九九九年）
前田孝和『ハワイの神社史』（大明堂、一九九九年）
本康宏史「台湾神社の創建」（『軍都の慰霊空間—国民統合と戦死者たち—』吉川弘文館、二〇〇二年）
辻子実『侵略神社—靖国思想を考えるために—』（新幹社、二〇〇三年）
佐藤弘毅「終戦前の海外神社一覧」（薗田稔・橋本政宣編『神道史大辞典』付編一一三三頁～一一九二頁、吉川弘文館、二〇〇四年）
菅浩二『日本統治下の海外神社—朝鮮神宮・台湾神社と祭神—』（弘文堂、二〇〇四年）
青井哲人『植民地神社と帝国日本』（吉川弘文館、二〇〇五年）
陳鸞鳳『日治時期臺灣地區神社的空間特性』（學富文化事業有限公司、二〇〇七年）
金子展也「台湾に渡った日本の神々」（『非文字資料研究』第二五号、神奈川大学非文字資料研究センター、二〇一一年一月）
金子展也「台湾神社の創建と祭典時の催し物の変容」（『年報非文字資料研究』第八号、神奈川大学非文字資料研究センター、二〇一二年三月）
津田良樹「台湾神社から台湾神宮へ—台湾神社昭和造替の経過とその結果の検討—」（『年報非文字資料研究』第八号、神奈川大学非文字資料研究センター、二〇一二年三月）

中島三千男「台湾・旧花蓮港庁下における神社の創建について」（岩井忠熊・馬原鉄男編『天皇制国家の統合と支配』、文理閣、一九九二年）
中島三千男「戦前期・中華民国における海外神社の創立について」（『研究年報』二〇号、神奈川大学法学研究所、二〇〇二年三月）
中島三千男「〈海外神社〉研究序説」（『歴史評論』六〇二号、二〇〇〇年六月）
中島三千男「海外神社―日本が忘れた宗教施設―」（鵜飼政志他編『歴史をよむ』、東京大学出版会、二〇〇四年）
中島三千男「旧満州国における神社の設立について」（木場明志他編『植民地期満州の宗教』、柏書房、二〇〇七年）
中島三千男 "Shinto Deities that Crossed the Sea: Japan's 'Overseas Shrines,' 1868 to 1945," *Japanese Journal of Religious Studies* 37(1)(2010): 21-46 (Nanzan Institute for Religion and Culture)
中島三千男「关于二战前日本在旧中国内地建造的神社」（复旦史学集刊『明清以来江南城市发展与文化交流』二〇一一年、复旦大学出版社）

【海外神社跡地に関する主なもの】

森田芳夫『朝鮮終戦の記録―米ソ両軍の進駐と日本人の引揚―』（巌南堂、一九六四年）
滑川祐二『ペリリュー神社再建由来記』（ペリリュー神社奉賛会事務局、一九八二年）
中島三千男「台湾の神社跡を訪ねて」（『歴史と民俗』一〇号、一九九三年八月、神奈川大学日本常民文化研究所）
冨井正憲、藤田庄市、中島三千男「旧樺太（南サハリン）神社跡地調査報告」（神奈川大学二一世紀ＣＯＥプログラム研究推進会議『年報　人類文化研究のための非文字資料の体系化』第一号、二〇〇四年三月）

中島三千男「海外神社跡地に見る景観の変容」（神奈川大学二一世紀COEプログラム調査研究資料一『環境と景観の資料化と体系化にむけて』、神奈川大学二一世紀COEプログラム研究推進会議、二〇〇四年一一月）
北海道神社庁『北方領土の神社―千島・北方領土社寺教会日露共同調査報告書』（二〇〇五年、神社新報社）
冨井正憲、中島三千男、大坪潤子、サイモン・ジョン「旧南洋群島の神社跡地調査報告」（神奈川大学二一世紀COEプログラム研究推進会議『年報　人類文化研究のための非文字資料の体系化』第二号、二〇〇五年三月）
金花子「韓国全羅南道の旧神社跡地調査報告」（神奈川大学二一世紀COEプログラム推進会議『非文字資料研究』第一〇号、二〇〇五年一二月）
津田良樹、中島三千男、金花子、川村武史「旧朝鮮の神社跡地調査とその検討―全羅南道、和順郡を中心に―」（神奈川大学二一世紀COEプログラム研究推進会議『年報　人類文化研究のための非文字資料の体系化』第三号、二〇〇六年三月）
津田良樹、中島三千男、堀内寛晃、尚峰「旧満州国の〈満鉄附属地神社〉跡地調査から見た神社の様相」（神奈川大学二一世紀COEプログラム研究推進会議『年報　人類文化研究のための非文字資料の体系化』第四号、二〇〇七年三月）
津田良樹「幻の〈満州国〉建国神廟を復元する」（『非文字資料研究』第一六号、神奈川大学二一世紀COEプログラム研究推進会議、二〇〇七年六月）
中島三千男・津田良樹・冨井正憲「〈海外神社〉跡地に見る景観の変容とその要因」（神奈川大学二一世紀COEプログラム研究推進会議『環境に刻印された人間活動及び災害の痕跡解読』二〇〇七年一二月）
津田良樹「『満洲国』建国忠霊廟と建国神廟の建築について」（『神奈川大学二一世紀COEプログラム「人類

文化研究のための非文字資料の体系化」研究参画者研究成果論文集』、神奈川大学二一世紀COEプログラム研究推進会議、二〇〇八年三月）
王　浩一『在廟口説書』（心靈工坊文化事業股份有限公司、二〇〇八年）
津田良樹「海外神社跡地から見た景観の持続と変容」（『非文字資料研究』第二六号、神奈川大学非文字資料研究センター、二〇一一年七月）
瀧元望『隔ての壁を取りのぞくために』（プレイズ出版、二〇一一年）
前田孝和「樺太の神社の終戦顛末」（『非文字資料研究』第二七号、神奈川大学非文字資料研究センター、二〇一二年一月）
津田良樹「台湾の神社跡地調査からみた共同研究の今後の展望」（同右）
辻子実「台湾侵略神社跡地のヤスクニ」（『年報　非文字資料研究』第八号、神奈川大学非文字資料研究センター、二〇一二年三月）
津田良樹「旧満州国国都新京（長春）の海外神社跡地調査」（『非文字資料研究』第二八号、神奈川大学非文字資料研究センター、二〇一二年七月）
北海道神社庁『樺太の神社』（神社新報社、二〇一二年）
稲宮康人『帝国後　海外神社跡地の景観変容―稲宮康人写真展図録―』（神奈川大学非文字資料研究センター、二〇一二年）
また、データベースの構築としては
津田良樹、中島三千男、堀内寛晃「海外神社跡地データベースの構築」（『環境に刻印された人間活動および災害の痕跡解読』、二〇〇七年一二月、神奈川大学二一世紀COEプログラム推進会議）がある。URL

は http://www.himoji.jp/himoji/database/db04/

また、金子展也氏は、「台湾に渡った日本の神々―今なお残る神社の遺跡」として、台湾における神社・社（私邸内社を含む）三五〇余の神社跡地の写真と解説を載せている。このＵＲＬは http://blog.goo.ne.jp/jinya_taiwan

さらに、台湾では、以下の文献に見られるように、海外神社跡地を文化財として、建物を含めた現況について、歴史的経緯を含めて詳細な調査・研究が始っている。

中原大學建築研究所『市定古蹟　新竹神社　調査研究暨修復計劃』（新竹市政府文化局、二〇〇三年）

中原大學建築學系『桃園縣忠烈文化館　文化景觀調査及研究資源應用計劃　成果報告書』（桃園縣政府文化局、二〇〇七年）

著者紹介

中島三千男（なかじま　みちお）

1944年福岡県生まれ
京都大学大学院文学研究科国史学専攻博士課程単位取得後退学

専門；日本近現代思想史

1976年奈良大学文学部専任講師、1980年神奈川大学外国語学部助教授、1988年神奈川大学日本常民文化研究所所員、1992年神奈川大学外国語学部教授、1993年神奈川大学大学院歴史民俗資料学研究科教授、後、外国語学部長、学校法人神奈川大学理事を歴任、2003年神奈川大学副学長、神奈川大学21世紀COE拠点形成委員会委員長を経て2007年神奈川大学学長、神奈川大学大学院委員長に就任。財団法人大学基準協会評議員、神奈川県私立大学連絡協議会会長、神奈川県生涯教育連絡協議会会長

主要著書・論文：『天皇の代替わりと国民』（青木書店、1990年）、「戦争と日本人」（『岩波講座　日本通史第20巻　現代１』、岩波書店、1995年）、『概論　日本歴史』（共編著、吉川弘文館、2000年）、「〈明治憲法体制の確立〉と国家のイデオロギー政策」（『展望日本歴史・19巻・「明治憲法体制」』、東京堂出版、2002年）、「明治天皇の大喪と帝国の形成」（『岩波講座・天皇と王権を考える・第５巻・王権と儀礼』、岩波書店、2002年）、「〈靖国〉問題に見る戦争の記憶」（『歴史学研究』大会特集別冊、2002年）

表紙(表)写真：上段より、「台湾　明延平郡王祠(旧開山神社跡地)」「ロシア　旧樺太泊居神社の鳥居と日露戦争戦勝記念碑」「中国　旧満洲国建国忠霊廟本殿」／表紙(裏)写真：上段より、「韓国　龍頭山公園(旧龍頭山神社跡地)に建つ李舜臣像」「台湾　圓山大飯店(旧台湾神宮跡地)」「北マリアナ諸島連邦サイパン島　彩帆香取神社(旧彩帆神社)©」

神奈川大学21世紀COE研究成果叢書
神奈川大学評論ブックレット　37

海外神社跡地《かいがいじんじゃあとち》の景観変容《けいかんへんよう》——さまざまな現在《いま》

2013年３月28日　第１版第１刷発行

編　者——神奈川大学評論編集専門委員会

著　者——中島三千男

発行者——橋本盛作

発行所——株式会社御茶の水書房
〒113-0033　東京都文京区本郷5-30-20
電話　03-5684-0751

装　幀——松岡夏樹

印刷・製本——東港出版印刷株式会社

Printed in Japan
ISBN 978-4-275-01003-2　C1036